THE IMPACT OF
STATE-OWNED ENTERPRISES
PARTICIPATING IN VENTURE CAPITAL
ON INNOVATION

国有企业参与风险投资对创新的影响

施国平◎著

中国财经出版传媒集团
中国财政经济出版社
·北京·

图书在版编目（CIP）数据

国有企业参与风险投资对创新的影响 / 施国平著
. --北京：中国财政经济出版社，2024. 6
ISBN 978 -7 -5223 -2983 -3

Ⅰ. ①国…　Ⅱ. ①施…　Ⅲ. ①国有企业 - 风险投资 - 影响 - 企业创新 - 研究 - 中国　Ⅳ. ①F279. 241

中国国家版本馆 CIP 数据核字（2024）第 062155 号

责任编辑：康婧琳　　责任校对：张　凡
封面设计：任飞扬　　责任印制：党　辉

国有企业参与风险投资对创新的影响
GUOYOU QIYE CANYU FENGXIAN TOUZI DUI CHUANGXIN DE YINGXIANG

中国财政经济出版社 出版
URL：http：//www. cfeph. cn
E - mail：cfeph@ cfeph. cn

社址：北京市海淀区阜成路甲 28 号　邮政编码：100142
营销中心电话：010 - 88191522　编辑部电话：010 - 88190957
天猫网店：中国财政经济出版社旗舰店
网址：https：//zgczjjcbs. tmall. com
中煤（北京）印务有限公司印刷 各地新华书店经销
成品尺寸：170mm × 240mm　16 开　14. 75 印张　162 000 字
2024 年 6 月第 1 版　2024 年 6 月北京第 1 次印刷
定价：58. 00 元
ISBN 978 -7 -5223 -2983 -3
（图书出现印装问题，本社负责调换，电话：010 - 88190548）
本社质量投诉电话：010 - 88190744
打击盗版举报热线：010 - 88191661　QQ：2242791300

前言

国有企业参与风险投资具有“一箭双雕”的作用：一方面可以盘活沉淀资金，另一方面可以鼓励企业创新。因此，党中央、国务院把国企参与风险投资确立为国企改革、创新驱动发展战略、大众创业万众创新的重要组成部分。随着各种国家级政策文件的推行，国企参与风险投资的热情空前高涨。从相关理论成果看，国企参与风险投资属于企业风险投资和国有（政府）资金参与风险投资的交叉领域，但针对这一主题的研究成果比较少，且内容较为零碎，仅有的几篇文献，只是对投资动因、治理结构等展开一些定性的初步探索，采用大样本数据的深入定量研究未见一例。

鉴于理论和实践存在脱节现象，本书重点研究国企参与风险投资产生的创新效应及机理。具体来说，首先，依据国企参与风险投资时采用的投资模式差异，将研究划分为两个子专题：一是“LP 投资模式下，国企参与风险投资的创新效应研究”；二是“直接投资模式下，国企参与风险投资的创新效应研究”。其次，在每个子专题下，按照创新主体的差异，将创新效应进一步划分为两部分：国企参与风险投资对自身创新的影响和对被投资企业创新的影响。然后，在每个子专题下，按照以下步骤展开研究：第一步，基于信息泄露、资源流动、失败容忍、政治关联等视角，从理论上分析国企参与风险投资对自身和被投资企业创新的总体影响，揭示国企参与风险投资的总体创新效应。第二步，依据国企、被投资企业、风投机构等的不同特征进行细分研究，揭示不同情境下创新效应的差异，并以此来进一步验证信息泄露、资源流动、失败容忍、政治关联等理论机制是否成立。第三步，从 CSMAR、企业年报、私募通等数据库，搜集 A 股上市国企 2009—2019 年的面板数据，利用基于面板数据的负二项回归模型检验国企参与风险投资对自身创新的影响；搜集国企投资的创业企业 2009—2019 年的数据作为处理组，以独立风投投资的创业企业作为对照组构建匹配样本，采用负二项回归模型检验国企参与风险投资对被投资企业创新的影响。

研究后我们发现：一是国企通过 LP 模式参与风险投资能显著促进自身创新。进一步看，只有当国企处于高竞争行业、被投资企业处于低市场化地区、风投机构担任主投资人时，上述促进作用才显著存在。

二是国企通过 LP 模式参与风险投资不能促进被投资企业创新。进一步看，这一结果也不会因国企和被投资企业的技术契合程度差异、风投机构是否担任主投资人而发生改变。

三是国企通过直投模式参与风险投资能显著促进自身创新。进一步看，国企和被投资企业地理位置邻近性较高时，上述促进作用更强，但上述促进作用不会因双方技术契合程度差异而发生改变。

四是国企通过直投模式参与风险投资能显著促进被投资企业创新。进一步看，国企失败容忍度较高、国企行政级别较高、被投资企业不具有国有背景、双方技术契合程度较高时，上述促进作用更强。

总之，本书结论有助于推动国企改革与创新，带动国有风投企业持续健康发展，有力促进创业企业融资和创新。

施国平

2024 年 5 月

目录

1 引　言

1.1 国有企业参与风险投资的背景

国有企业参与风险投资实践

（1）风险投资蓬勃发展，已成为促进企业发展和技术创新的重要力量

自 1946 年第一家风险投资公司——美国发展与研究公司（American Research and Development，ARD）诞生后，风险投资经历了几十年蓬勃发展，如今已经成为发达国家经济体系中一个完善的产业。风险投资（Venture Capital，VC），也称创业投资，是由专业性投资机构向中小企业进行的一种高风险、高收益的权益类投资。有别于一般的投资，风险投资除了可以为中小企业解决创业初期的融资困难问题，还可以提

供商业模式、市场开发、公司治理、人力资源、再融资等诸多增值服务，因而已成为促进企业发展、技术创新的重要力量。纵观全世界许多知名的创新型企业，如苹果、谷歌、雅虎、脸书、瓦次丽（WhatsApp）等，都得到过风险投资的支持。

中国的风险投资实践始于1985年中国新技术创业投资公司的批准设立。随后，1998年政协一号提案——《关于尽快发展我国风险投资事业的提案》掀起了我国风险投资的热潮，一批专业性国内风投机构应运而生，红杉资本、IDG资本等国外著名风投机构也不断涌入中国。2005年底，《创业投资企业管理暂行办法》颁布，使风险投资在中国市场的合法性进一步提高。近年来，中小板、创业板、科创板的设立，《国务院关于促进创业投资持续健康发展的若干意见》《国务院关于大力推进大众创业万众创新若干政策措施的意见》等政策文件的出台，再次推动了中国风险投资事业蓬勃发展，涌现出以深创投、启明创投、金沙江创投为代表的一大批优秀风险投资机构，以及以阿里、腾讯、中芯国际为代表的一大批得到风险投资支持的创新型企业。表1－1（中国风险投资市场变化）具体展示了21世纪中国风险投资市场的变化。从中可以看出，2007—2018年中国风投机构数量以及风险资本总量均迅速增加。根据硅谷银行发布的《2019年Q1风险投资市场报告（State of the Markets Q1 2019）》显示，目前中国已稳居世界第二大风险投资市场。

（2）国有资金是中国风险资本的主要来源之一

虽然中国的风险投资在21世纪初期得到了长足发展，但是相对于欧美成熟市场，仍呈现出较为明显的政府推动特征。欧美地区的风险资

表 1-1　中国风险投资市场变化（2007—2018 年）

年份	风险投资机构数（家）	风险投资管理资本总量（亿元人民币）	年份	风险投资机构数（家）	风险投资管理资本总量（亿元人民币）
2007	52	1112.9	2013	313	3573.9
2008	54	1455.7	2014	384	5232.4
2009	81	1605.1	2015	464	6653.3
2010	147	2406.6	2016	624	8277.1
2011	236	3198	2017	707	8872.5
2012	241	3312.9	2018	869	9179.0

数据来源：根据 2008—2019 年《中国创业投资发展报告》整理得到。

本来源较为多元化，形成了以养老基金、保险基金、机构投资者基金、大公司资本、私募证券基金、富有的个人资金等多层次供给体系。在中国，由于早期和高科技企业的成长前景具有很高不确定性，加之市场制度又不是非常完善，导致私人资金进入风险投资市场的动力不足。于此背景下，我国政府投入了大量国有（政府）资金到风险投资行业中，以期风险投资发挥促进技术创新、推动区域经济增长的作用。

具体来说，在中国风险投资刚起步时，各地政府利用财政资金建立了许多国有风险投资机构，例如，1998 年政协一号提案提交之后，北京设立了北京高新技术创业投资股份有限公司（简称北京创投，原名为“北京高新技术产业投资股份有限公司”），深圳建立了深圳市创新投资集团有限公司（简称深创投），上海建立了上海创业投资有限公司（简称上海创投）。2005 年末至 2006 年初，《创业投资企业管理暂行办法》《关于实施〈国家中长期科学和技术发展规划纲要（2006—2020）〉

若干配套政策的通知》发布，掀起了又一轮国有资金参与风险投资的热潮。此后，各地区政府相继设立了各种类型的政府风险投资引导基金。发展至今，以国有风险投资机构和政府风险投资引导基金为代表的国有风险投资已成为我国风投市场上一支不可或缺的重要力量。图 1 - 1 展示了中国风险资本来源构成的最新情况，从图 1 - 1 中可以看到，2018 年政府资金的占比高达 30. 18%，如果不计“其他”类型的资本，则高居各类资本来源之首。

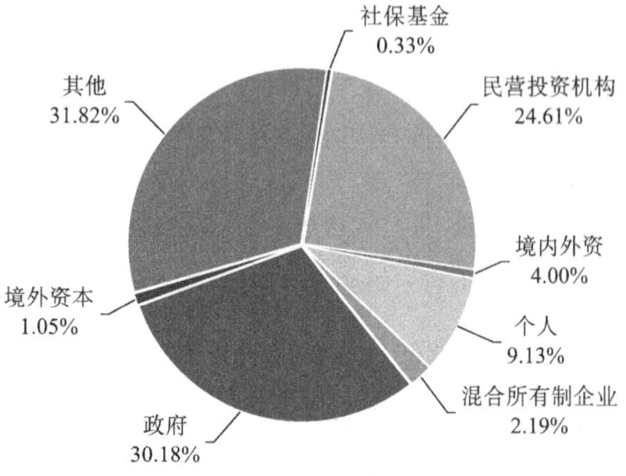

数据来源：《中国创业投资发展报告 2019》。

图 1 - 1　2018 年中国风险资本来源占比

放眼更长的时间轴来看，2007—2018 年这 11 年间，国有（政府）资金一直都是我国风险资本的主要来源，其出资比例稳定在三分之一左右，最高的年份甚至接近 40%（见表 1 - 2）。

（3）企业风险投资方兴未艾，是现代企业进行外部创新的重要组织形式

企业风险投资（corporate venture capital，CVC），也叫公司风险投资，是指大型非金融类成熟企业使用自有资金向创业企业提供的股

表 1-2　国有风险投资的出资情况（2007—2018 年）

年份	新募风险资本金额（亿元人民币）	国有风险资本占比（%）	年份	新募风险资本金额（亿元人民币）	国有风险资本占比（%）
2007	449.1	33.0	2013	261.0	29.2
2008	342.8	35.9	2014	1658.5	31.4
2009	149.4	39.0	2015	1420.9	35.3
2010	801.5	37.6	2016	1623.8	36.13
2011	791.4	32.3	2017	595.4	26.04
2012	114.9	30.0	2018	306.5	30.18

数据来源：根据 2008—2019 年《中国创业投资发展报告》整理得到。

权投资（Allen 和 Hevert，2007）[1]。对于大型企业而言，CVC 是一种创新的投资组织形式，是探索模式边界、拓展前沿技术的有效范式，同时也是自生长型组织架构扩张以及行业生态圈演进的重要创新手段。

关于企业风险投资的起源目前并没有非常统一说法，比较流行的观点认为企业风险投资源于 1914 年杜邦公司对通用汽车的投资。1914—1977 年被认为是企业风险投资萌芽阶段，此阶段中，成熟企业对中小企业进行投资主要是为了拓展新业务，开辟新市场，盘活存量资金。1977—1994 年为企业风险投资发展第二阶段，在计算机技术变革背景下，企业风险投资以大量硅谷技术型企业的崛起为标志，企业家不断就商业模式进行改革和创新。1995—2001 年，企业风险投资进入了第三个阶段。这一阶段的特点可以概括为“非理性繁荣”，互联网泡沫促使成熟企业涌入新领域进行投资，这让他们将部分研发活动转移到外部创业企业。自 2002 年起至今，企业风险投资发展进入了第四阶段。企业风险投资逐步走向成熟，拥有了更丰富的投资经验，更高的资源整合能力，对行业发展趋势也有了更深的理解。世界上许多著名的科技型企业都成立了自己的企业风险投资部门或者风投机构，例如微软的 Microsoft Ventures，谷歌的 Google Ventures，英特尔的 Intel Capital 等。图 1－2 展示了 2012—2018 年全球企业风险投资的投资金额和投资案例数。从图中的统计数据可见，除了 2016 年受制于资本寒冬，企业风险投资的投资金额略有小幅下降以外，其他年份企业风险投资的投资金额和案例数均不断增加。2018 年全球企业风险投资的投资金额已高达 751 亿美元，约为 2012 年的 9 倍，2018 年投资案例数为 3234 起，约为 2012 年的 4 倍。由此可见，全球范围内企业风险投资整体呈现高速发展趋势。

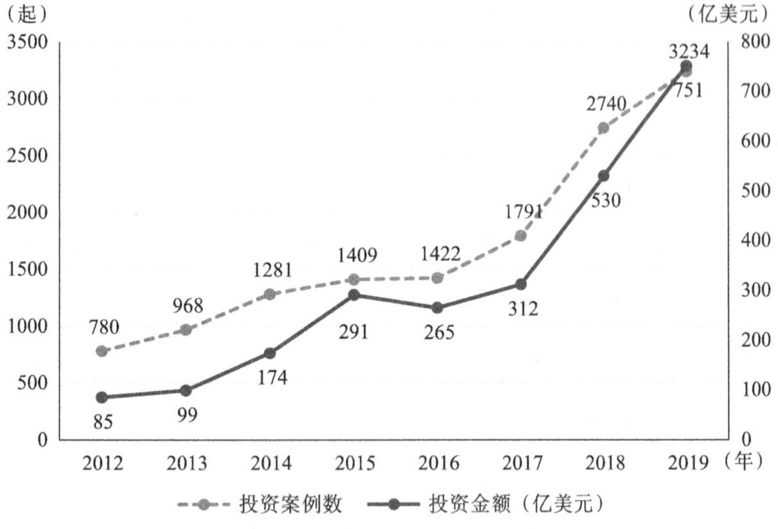

数据来源：CB Insights。

图 1－2　全球企业风险投资发展情况（2012—2019 年）

中国的企业风险投资起步时间较晚，现在普遍将 1998 年视为中国企业风险投资元年。当年6月份，福建实达集团股份有限公司向成立只有半年时间的北京铭泰科技发展公司投资了1200万元人民币。在随后十多年中，受制于种种原因，我国企业风险投资的发展步伐缓慢。直到2011年，金融危机的负面影响逐渐消散，外部融资环境好转，我国企业风险投资开始迈入高速发展时代。根据私募通数据库显示，我国企业风险投资的投资金额和案例数已经分别由2012年的43.19亿元和145起，迅速增加至2019年的1139.15亿元和705起。如今，以BAT（百度、腾讯、阿里巴巴）为代表的我国第一批互联网巨头凭借着充足的资本和对未来的敏锐性，已经成为最活跃的企业风险投资参与者，他们培养了小红书、滴滴出行、蔚来汽车、美团点评等一大批初创企业，为自己公司的技术革新和生态布局提供了保障，同时也为我国实体经济和科技创新注入了新鲜血液。

（4）国家政策驱动下，国有企业参与风险投资成为热潮

众所周知，国有企业对中国特色社会主义市场经济发展起至关重要作用。据《国务院关于2019年度国有资产管理情况的综合报告》显示，2019年，全国国有企业资产总额已经高达210.4万亿元。中国五百强企业中，有265家为国有企业，占比为53%。然而，由于所有者缺位、激励机制不明确等原因，国企的创新效率始终处于一般水平（董晓庆等，2014）[2]。除此以外，国企经营中还存在另一重要问题，即国企虽然掌握大量资金，但难以找到合适的出口，造成资金大量闲置。从民营企业的相关运作经验看，进行风险投资一方面能为沉淀资金找到新的实体经济出口（投资创业企业），另一方面作为外部研发的一种典型形式，还能帮助大型企业获取外部创新资源，有效提升创新能力

(Dushnitsky 和 Lenox，2005a；Wadhwa 和 Kotha，2006；万坤扬和陆文聪，2014a)[3]~[5]。从更为宏观的意义上看，国企将资金投向科技型中小企业，可以对国有资金的使用起到示范和引导作用，弥补民间资本在早期的投资不足，解决科技型中小企业融资难、融资贵问题，为大众创业万众创新增添动力。

因此，国有企业风险投资引起了党中央、国务院的高度重视，政府积极推动国企参与风险投资并在诸多政策文件中对此进行了明确。例如，2015 年 3 月，《中共中央国务院关于深化体制机制改革加快实施创新驱动发展战略的若干意见》明确提出，“结合国有企业改革设立国有资本创业投资基金”。2015 年 6 月，《关于大力推进大众创业万众创新若干政策措施的意见》(国发〔2015〕32 号) 指出，“引导和鼓励中央企业和其他国有企业参与新兴产业创业投资基金、设立国有资本创业投资基金”。2015 年 9 月，《中共中央、国务院关于深化国有企业改革的指导意见》指出，“鼓励国有企业通过投资入股、联合投资、重组等多种方式，与非国有企业进行股权融合、战略合作、资源整合”。2016 年 9 月《国务院关于促进创业投资持续健康发展的若干意见》(国发〔2016〕53 号) 再次强调，“支持有需求、有条件的国有企业依法依规、按照市场化方式设立或参股创业投资企业和创业投资母基金”。

伴随着上述多个国家级重磅文件的出台，全国范围内国企参与风险投资的热情空前高涨，国家和地方级的国企纷纷设立投资基金。2016 年 8 月，国资委推出了央企版的风险投资基金，中国国新集团发起的中国国有资本风险投资基金总规模按 2000 亿元人民币设计，首期募集规模 1000 亿元人民币。随后，地方国企版的风险投资基金也陆续推出。

例如，由国资收益、广州市属企业联合出资成立的广州国资国企创新投资基金首期规模预计将超过200亿元人民币。除了上述新设立的基金外，部分先行国企早已在风险投资领域取得了令人瞩目的成绩。例如，中兴通讯股份有限公司旗下的中兴创投已对28家企业进行了投资，其中11家已成功IPO上市，又如上汽集团旗下的上海汽车集团股权投资有限公司已对38家企业进行了投资，其中5家已成功IPO上市。

国有企业参与风险投资理论

国有企业风险投资属于企业风险投资和国有资金参与风险投资的交叉领域，目前这两个领域的理论研究已积累了颇为丰硕的成果，但是关于两者交叉部分的研究却十分少见。

（1）企业风险投资的研究概况

伴随着实践发展以及相关数据质量的提升，企业风险投资引起了理论界的重视，现已成为风险投资研究领域的重要组成部分。笔者在Web of Science数据库的“Business”“Management”“Economics”“Business Finance”四个类别中，以主题①“Corporate Venture Capital”或“Corporate VC”或“CVC”查找文章类型为“Article”的SCI或SSCI论文，在中文社会科学引文索引数据库中以“公司创业投资”“企业风险投资”“企业风投”“企业创投”“公司创投”“公司风投”作为标题或关键词查找CSSCI论文。检索结果如图1－3所示。

---

① Web of Sciecne中按照主题检索是指对以下字段进行检索：标题，摘要，作者与关键字，Keywords Plus。

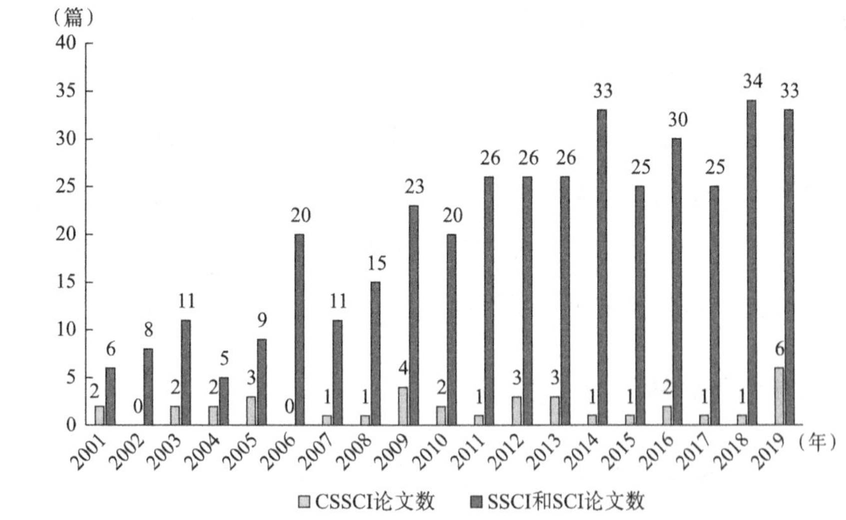

数据来源：根据中国社会科学引文索引（CSSCI）和 web of Science 检索平台手工整理。

图 1－3　国内外企业风险投资论文数量

首先，从论文数量看，进入 21 世纪后，国外每年关于企业风险投资的 SSCI/SCI 论文整体呈上升趋势，从 2001 年的 6 篇上升到 2019 年的 33 篇。相比之下，国内研究企业风险投资的 CSSCI 论文数量一直较少，最多的一年也不过只有 6 篇，且没有展现出明显上升态势。由此可见，国内对企业风险投资的研究还比较欠缺。接着，从发表期刊看，国际顶级期刊 Academy of Management Journal，Administrative Science Quarterly，Journal of Financial Economics，The Review of Financial Studies 等都发表过相应主题的论文。发表数量最多的为创业领域知名期刊 Journal of Business Venturing，共计刊发 11 篇，Strategic Management Journal 刊发了 10 篇，Strategic Entrepreneurship Journal 发表了 9 篇。最后，从论文作者看，伦敦商学院的 Dushnitsky，波士顿学院的 Chemmanur，清华大学的田轩，帝国理工学院的 Wadhwa 等学者都对这一领域的研究起到了卓越贡献。

接下来进一步了解已有论文的具体内容。根据研究主题的不同，大致可以分为三类：企业风险投资的影响因素、企业风险投资的运作、企业风险投资的效应。

企业风险投资的影响因素研究

按照研究层面的不同，可以划分为市场层面的影响因素和企业层面的影响因素两类。第一类，市场层面的影响因素包括行业研发投入（Sahaym 等，2010）[6]、行业技术变革（Basu 等，2011）[7]、行业知识产权保护（Dushnitsky 和 Lenox，2005b；Dushnitsky 和 Shaver，2009；Colombo 和 Shafi，2016）[8]~[10]、早期投资市场成熟度（Da Gbadji 等，2015）[11]、国家的个人破产成本（Da Gbadji 等，2015）[11]、风险投资的成功和扩散（Gaba 和 Meyer，2008）[12]、技术机会的丰富程度（Dushnitsky 和 Lenox，2005b）[8]、行业内互补资产的重要性（Dushnitsky 和 Lenox，2005b）[8]、行业不确定性（Tong 和 Li，2011）[13]、市场竞争（Fulghieri 和 Sevilir，2009；Basu 等，2011；Kim 等；2016）[7],[14],[15]等。第二类，企业层面的影响因素，包括母公司①的现金流（Dushnitsky 和 Lenox，2005b；刘伟和黄江林，2016）[8],[16]、吸收能力（Dushnitsky 和 Lenox，2005b）[8]、创新绩效（Gaba 和 Bhattacharya；2012）[17]、组织冗余（郑丹辉等，2013）[18]、科研能力和技术特征（Ceccagnoli 等，2018）[19]、公司治理（Anokhin 等，2016a；Sahaym 等，2016）[20],[21]、创新资源（刘伟和黄江林；2016）[16]、网络联系（Noyes 等，2014）[22]、

① 母公司就是指开展风险投资业务的大型企业。

分析师关注（Guo 等，2019）[23]、过往绩效（戴维奇等，2012）[24]、被投企业的金融资源需求（Katila 等，2008）[25]、互补资产需求（Katila 等，2008）[25]、时间选择机制（Katila 等，2008）[25]、商业秘密保护（Katila 等，2008）[25]、母公司与被投企业的技术联系（Kim 等，2019）[26]等。

企业风险投资的运作研究

相应研究内容包括企业风险投资的投资模式（Winters 和 Murfin，1988；Sykes，1990；McNally，1997；Kann，2000；Keil 等，2008a；陆方舟等；2014）[27]~[32]、组织结构（Siegel 等，1988；Souitaris 等，2012）[33],[34]、投资目标（Chesbrough，2002；Dokko 和 Gaba，2012；陆方舟等；2014）[32],[35],[36]、薪酬激励（Block 和 Ornati，1987；Siegel 等，1988；Sykes，1992；Dushnitsky 和 Shapira，2010；乔明哲等，2012）[33],[37]~[40]、投资监管与互动（McNally，1997；Hellmann，2002；Bottazzi 等，2004；Bottazzi 等，2008；Cumming 和 Johan，2008；Maula 等，2009；Masulis 和 Nahata，2010）[29],[41]~[46]、与企业并购的联系（Benson 和 Ziedonis，2009；Benson 和 Ziedonis，2010；Tong 和 Li，2011）[13],[47],[48]、与战略联盟的联系（Colombo 等，2006；Mathews，2006；Dushnitsky 和 Lavie，2010；Van de Vrande 和 Vanhaverbeke，2013）[49]~[52]等。

企业风险投资的效应研究

按照作用对象差异，可以划分为对母公司的影响和对被投资企业的影响两类。第一类，对母公司的影响，包括母公司的财务绩效（Allen 和 Hevert，2007；林子尧和李新春，2012）[1],[53]、企业价值（Dushnitsky 和 Lenox，2006；孙健和白全民，2010；林子尧和李新春，2012；陆方舟等，2014；万坤扬和陆文聪，2014b；Yang 等，2014；万坤扬，2015a；万坤扬，2015b；Titus 和 Anderson，2018）[32],[53]~[60]、企业创新（Dushnitsky 和 Lenox，2005a；Wadhwa 和 Kotha，2006；Keil 等，2008a；Vanhaverbeke 等，2008；林子尧和李新春，2012；Smith 和 Shah，2013；Maula 等，2013；万坤扬和陆文聪，2014a；Lee 和 Kang，2015；Wadhwa 等，2016；Anokhin 等，2016b；Kim 等，2016；Lee 等，2018；万坤扬和陆文聪，2016；乔明哲等，2017a；康永博等，2017；Belderbos 等，2018）[3]~[5],[15],[31],[53],[61]~[71]、企业学习和知识转移（Keil，2004；Schildt 等，2005；Keil 等，2008b；Yang 等，2009；Lee 等，2015）[72]~[76]等。第二类，对被投企业的影响，包括被投企业的上市和并购（Gompers 和 Lerner，1998；Ivanov 和 Xie，2010；Park 和 Steensma，2012；Kang，2019）[77]~[80]、IPO 抑价（Wang 和 Wan，2013；乔明哲等，2017b）[81],[82]、IPO 长期绩效（Song 和 Lee，2018）[83]、企业学习和知识转移（Maula 等，2009；Di Lorenzo 和 Vareska，2019）[45],[84]、知识产权（Maula 等，2009；Uzuegbunam 等，2019）[45],[85]、企业创新（Weber 和 Weber，2007；Park 和 Steensma，2013；Chemmanur 等，2014；Cox Pahnke 等，2015a；Alvarez－Garrido 和 Dushnitsky，2016；王雷和周方召，2017；Paik 和 Woo，2017；Kim 和 Park，2017；Park 和 Bae，2018；王雷和亓亚荣，2019；薛超凯等，2019）[86]~[96]等。

（2）国有（政府）资金参与风险投资的研究概况

国有（政府）资金参与风险投资也是研究热点之一。在检索相关文献过程中，作者发现国有（政府）资金参与风险投资的文献关键词较不明晰，很多研究都没有在标题和关键词中体现国有（政府）风险投资，所以利用关键词检索的效果一般。基于这一原因，本书采用追溯法进行查找。从检索结果看，这一领域的文献，无论从期刊还是作者看都比较分散。根据研究对象的差异，国有（政府）资金参与风险投资的文献主要可以分为：针对国有风险投资机构的研究和针对政府风险投资项目（国内主要指政府创业风险投资引导基金项目，下文简称政府引导基金）的研究。

针对国有风险投资机构的研究

总体来说，这一领域的研究主要集中于中国，绝大部分文献分析了国有风险投资机构对被投企业的影响，相关主题包括被投企业创新（陈伟，2013；余琰等，2014；苟燕楠和董静，2014；许昊等，2015；黄艺翔和姚铮，2015；王兰芳和胡悦，2017；谢光华等，2018；唐曼萍等，2019）[97]~[104]、IPO 抑价（张学勇和廖理，2011；许昊等，2016）[105],[106]、IPO 换手率（许昊等，2016）[106]、IPO 过会概率和耗时长短（曾庆生等，2016）[107]、投资行为（吴超鹏等，2012）[108]、融资行为（吴超鹏等，2012；杨艳萍和尚明利，2019）[108],[109]、会计绩效（张学勇和廖理，2011）[105]、经营绩效（孙杨等，2012）[110]、并购绩效（李善民等，2019）[111]、治理结构（张学勇和廖理，2011）[105]、会计信息透明度（姬新龙和马宁，2016；马宁，2019）[112],[113]、代理成本（马宁，2019）[113]。除此以外，还有少量文献研究了国有风投机构投资的驱动因素以及投资行为和成效。

针对政府风险投资项目的研究

西方市场经济体制下鲜有国有风险投资机构这种提法和实践，所以理论研究很少以国有风险投资机构为对象。取而代之的是，国外政府部门往往直接出资设立一些政府风险投资项目，例如美国的小企业创新研究资助项目 SBIR，加拿大的 LSVCC 项目等。就国内而言，我国的政府引导基金也是一类典型的政府风险投资项目。目前，国内外学者主要针对政府风险投资项目（政府引导基金）所产生的影响展开深入研究，按照影响对象差异，大致可以分为四类：政府风险投资项目对风投基金的影响，对风投机构的影响，对被投企业的影响，对风投市场的影响。第一类，政府风险投资项目对风投基金的影响，相关主题包括风投基金的投资阶段（Cumming，2007；Cumming 和 Johan，2009；Munari 和 Toschi，2015；Buzzacchi 等，2015）[114]~[117]、投资行业（Cumming；2007；Cumming 和 Johan，2009；Munari 和 Toschi，2015）[114]~[116]、投资区域（Cumming 和 Johan，2009；Buzzacchi 等，2013）[115],[118]、投资期限（Buzzacchi 等，2013）[118]、基金结构（董建卫和郭立宏，2017）[119]。第二类，政府风险投资项目对风投机构的影响，相关主题包括风投机构的募资行为（董建卫和郭立宏，2016；杨敏利等，2017；周晓雯等，2018）[120]~[122]、投资行为（施国平等，2016）[123]、增值服务（Luukkonen 等，2013）[124]、网络联系（杨敏利等，2020）[125]。第三类，政府风险投资项目对被投企业的影响，相关主题包括被投企业的融资行为（Lerner，1999；Cumming，2007；Cumming 和 Johan，2009；Munari 和 Toschi，2015；Guerini 和 Quas，2016；董建卫等，2017；冯冰等，2019）[114]~[116],[126]~[129]、员工数量（Lerner，1999；Wallsten，2000；

Grilli 和 Murtinu，2014；Standaert 和 Manigart，2018）[126],[130]~[132]、上市、并购或清算（Cumming，2007；Buzzacchi 等，2013；Munari 和 Toschi，2015；Cumming 等，2017）[114],[116],[118],[133]、销售增长（Lerner，1999；Grilli 和 Murtinu，2014；Grilli 和 Murtinu，2015）[126],[131],[134]、企业创新（Wallsten，2000；Brander 等，2010；Bertoni 和 Tykvová，2015；王晗等，2018；董建卫等，2018a；董建卫等，2018b；程聪慧和王斯亮，2018）[130],[135]~[140]。第四类，政府风险投资项目对风投市场的影响，相关主题包括创业活跃程度（陈旭东和刘畅，2017）[141]、风投市场资本供给（Wallsten，2001；Leleux 和 Surlemont，2003；Cumming 和 MacIntosh，2006；Cumming 和 Li，2013；杨敏利等，2014；Cumming，2014；Brander 等，2015；杨敏利等，2015；Daha 和 Cozzarin，2019）[142]~[150]、跨境投资（Dahaj 和 Cozzarin，2019）[150]。除此以外，还有少量文献分析了政府风险投资项目的运作模式和激励机制。

（3）国有企业参与风险投资的研究概况

国有企业参与风险投资是本书的重点研究对象，属于企业风险投资和国有（政府）资金参与风险投资的交叉领域。总体来看，关于国有企业参与风险投资的国外文献数量非常少。究其原因可能在于，西方很多国家都是市场经济体制，国有企业这种偏计划经济体制下的产物在国外并不常见，所以未能引起西方资本主义国家学者的普遍重视。可以说，国有企业参与风险投资是具有“中国化”“本土化”特征的实践产物。在国内文献中，企业风险投资的研究起步较晚，所以也少有学者涉足国有企业参与风险投资这一理论领域。

在寥寥无几的文献中，学者们对国有企业参与风险投资的原因

（商子楠，2011）[151]、资金监管（韩瑞霞和胡波，2017）[152]、治理结构（鲍竹和陈强，2017）[153]、促进大型国企技术创新的原因、作用和路径（孙竹等，2019）[154]展开了初步定性探索。然而，采用大样本数据进行实证研究的文献至今未见一例。

1.2 研究国有企业参与风险投资的意义

本书对国企参与风险投资的创新效应展开研究，其实践意义主要体现在以下几个方面：

• 从国有企业角度看，研究成果可以作为国企参与风险投资的投资评估报告，有助于国企盘活沉淀资金，提升投资效率和创新效率。

• 从创业企业角度看，研究成果可以作为创业企业的融资决策依据，有助于创业企业在不同类型的风险投资中作出合理选择，提升融资效率和创新效率。

• 从政府政策角度看，研究成果可以作为政策评估报告供国资委及科技管理部门使用，有助于其掌握政策实施效果，为相关部门的坚持、调整或者重新制定相关政策提供理论参考，还有助于创新驱动发展战略、大众创业万众创新、国企改革的进一步落实和深化。

本研究的理论意义主要体现在以下几个方面：

• 目前国有（政府）资金主要以 3 种形式参与风险投资：国有风险投资机构、政府风险投资项目（国内主要为政府引导基金）、国有企业风险投资。目前的理论研究主要对前两种形式展开了分析。本书针对第三种新兴形式展开研究，有助于完善国有（政府）资金参与风险投资的研究框架。

• 目前企业风险投资的研究主要基于市场经济理论体系展开分析，研究对象以私人（民营）企业为主。本书针对国有企业展开分析，拓展了企业风险投资的研究对象，有助于明确股权性质在企业风险投资中的重要作用。

• 关于国有企业参与风险投资这一主题的文献数量屈指可数，仅有的几篇也均停留在初步定性探讨阶段，缺乏严格数据支撑。

本书搜集大样本数据进行实证研究，有助于全面揭示国企参与风险投资的创新效应形式以及创新效应产生的机制。

1.3 研究国有企业参与风险投资的方法

从实践背景看，政策的大力推动促使国企参与风险投资的热情高涨，目前已成为一种普遍现象。从理论背景看，企业风险投资和国有（政府）资金参与风险投资都是现阶段的研究热点，但国企参与风险投资作为两者的交叉领域，其研究却只停留在定性初探阶段。更聚焦地看，作为国企参与风险投资的重要目标之一，提升创新能力也没有被学者进行深入系统研究。因此，本书主要对国有企业参与风险投资的创新效应进行了研究。具体来说：

• 依据国有企业参与风险投资时采用的投资模式差异（LP 投资模式和直接投资模式），我们可以分为两个方面研究：一是 LP 投资模式下，国有企业参与风险投资的创新效应研究；二是直接投资模式下，国有企业参与风险投资的创新效应研究。

• 首先，基于信息泄露、资源流动、失败容忍、政治关联等视角，从理论和实证两方面分析不同投资模式下，国有企业参与风险投资对国企自身和被投企业创新的影响，揭示总体创新效应。其次，以总体创新效应为基础，依据国有企业、被投企业、风投机构等的不同特征，再进行细分研究，揭示不同情境下创新效应的差异，以此来进一步验证信息泄露、资源流动、失败容忍、政治关联等理论机制是否成立。

• 将国有企业参与风险投资产生的创新效应与民营企业进行比较，回答国有企业参与风险投资的创新效率问题。

• 汇总以上研究结果，定性比较两种不同投资模式下创新效应的大小。

本书进行了实证研究，整个研究过程主要采用了以下几种方法：

在提出研究问题时，主要采用了文献检索法和实地调研法。首先，利用谷歌学术、中国知网等，选取相应关键词检索近五年发表在国际顶级管理学期刊（如 Administrative Science Quarterly，Academy of Management Journal，Strategic Management Journal，Organization Science 等）和国际顶级金融学期刊（如 The Journal of Finance，Journal of Financial Economics，The Review of Financial Studies 等）上的论文，另外笔者还对相关领域知名学者的论文进行了追踪，以此来发现学术前沿，明确现有研究不足以及可拓展的方向。接着，对典型的国有企业、风投机构、创业企业展开实地调研，进一步明确实践领域存在的问题。

本书的理论分析主要采用了逻辑演绎法，即以企业风险投资，国有风险投资，企业创新等领域已有理论和假说为基础和出发点，通过严格逻辑演绎构建分析框架，提出可检验的研究假设。

在搜集数据时，主要采用了数据库搜集法。本研究主要涉及了国有上市企业、风险投资、创业企业和专利四个方面的数据。国有上市企业的数据主要从 CSMAR 数据库搜集，风险投资和创业企业的数据主要从私募通数据库（PEdata）和天眼查数据库搜集，企业专利数据主要从国家知识产权局专利信息服务平台搜集。

本书的实证检验主要采用了多种统计分析方法。先对搜集到的数据进行了描述性统计。当检验研究假设时，采用了多元回归分析，具体来说，在研究国有企业参与风险投资对自身影响时，采用了基于面板数据的负二项回归模型。在研究国有企业参与风险投资对创业企业影响时，借鉴了双重差分的思想并构造了匹配样本，采用了负二项回归模型。

在对比两种模式产生的创新效应大小时，主要采用了定性比较法。

依据研究主题需要，全书共分为六部分，按照以下框架展开：

第一部分为引言，是对论文提纲挈领的总体概述，主要介绍本研究的实践背景和理论背景；结合实践现象和理论不足，提出本书研究主题；最后介绍研究方法和相关术语界定。

第二部分为文献综述。本部分首先对国内外已有研究进行梳理，具体来说共分为三个部分：国有（政府）资金参与风险投资的研究、企业风险投资创新效应的研究、企业风险投资的其他相关研究。其次对现有研究成果进行评点，总结现有研究存在的不足，为下文两个专题研究奠定基础。

第三部分研究了 LP 投资模式下国有企业参与风险投资的创新效应。一是简要叙述了 LP 投资模式和相关典型案例。二是按照作用对象的差异，将国有企业参与风险投资的创新效应分为对国有企业自身创新的影响和对被投资企业创新的影响。三是从理论上分析国有企业通过 LP 模式参与风险投资的创新效应，并提出研究假设。四是介绍研究假设的检验方案，主要包括数据来源，样本选择过程，变量测度以及计量模型选择。五是利用上一部分的数据、变量和模型对研究假设进行统计检验，然后对本部分检验结果进行讨论。

第四部分研究了直接投资模式下国有企业参与风险投资的创新效应。与第三部分类似，一是简要介绍直接投资模式和相关典型案例。二是按照作用对象的差异，将国有企业参与风险投资的创新效应分为对国有企业自身创新的影响和对被投资企业创新的影响。三是从理论上分析国有企业通过直投模式参与风险投资的创新效应，并提出研究假设。四是介绍研究假设的检验方案，主要包括数据来源，样本选择过程，变量测度以及计量模型选择。五是利用上一部分的数据、变量和模型对研究假设进行统计检验。最后，对本部分检验结果进行讨论。

第五部分对两种投资模式下创新效应大小进行了定性比较，然后总结了本书的结论以及创新点，并基于研究结论得到管理启示，最后提出本研究存在的不足以及未来研究可拓展的方向。

本书的研究框架结构如图 1 –4 所示。

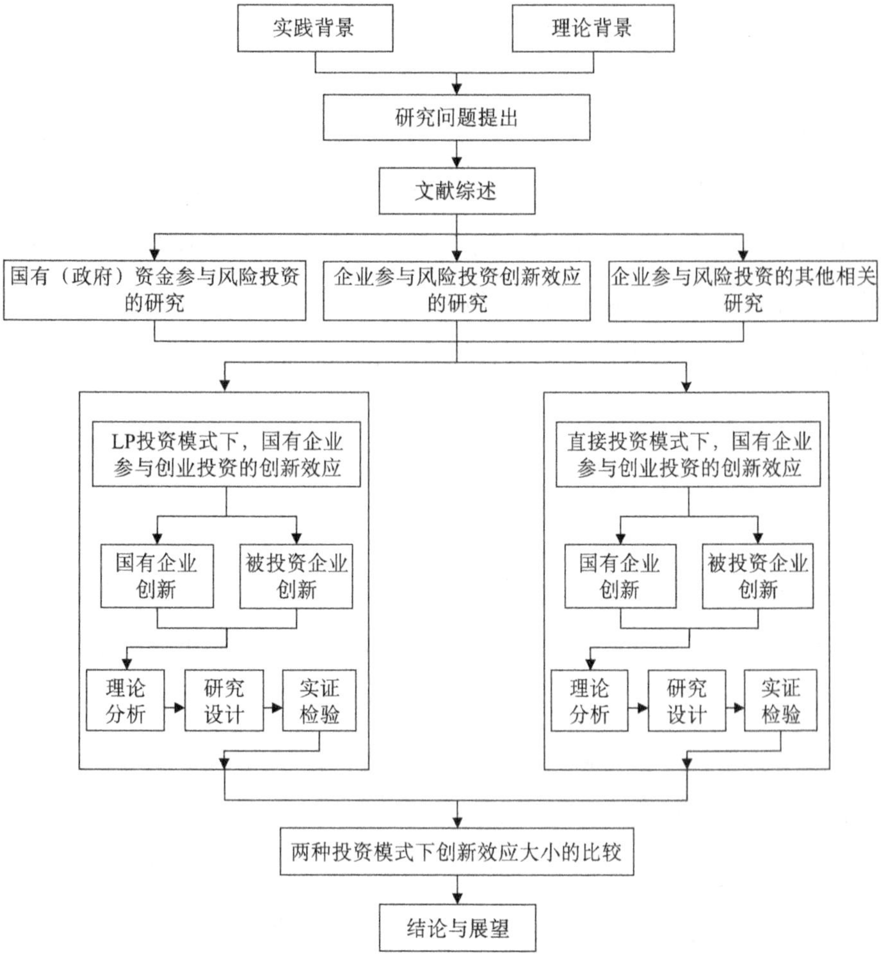
实践背景
理论背景
研究问题提出
文献综述
国有（政府）资金参与风险投资的研究
企业参与风险投资创新效应的研究
企业参与风险投资的其他相关研究
LP投资模式下，国有企业参与创业投资的创新效应
国有企业创新
被投资企业创新
理论分析
研究设计
实证检验
直接投资模式下，国有企业参与创业投资的创新效应
国有企业创新
被投资企业创新
理论分析
研究设计
实证检验
两种投资模式下创新效应大小的比较
结论与展望

图 1-4　研究框架结构

1.4 术语界定

企业风险投资

企业风险投资（Corporate Venture Capital）被定义为一家已成立的非金融类公司在创业企业中进行的少数股权投资（Dushnitsky 和 Lenox，2005a；Katila 等，2008；Maula 等，2009）[3],[25],[45]。所有能被称为企业风险投资的投资活动都应同时具备以下四个条件：第一，投资方是具有产业背景的非金融类大型企业。第二，虽然财务回报率是非常重要的考量指标之一，但战略目标通常会驱动企业进行风险投资。第三，投资的对象应该是未上市且在法律上和其他方面独立于投资方的企业。第四，投资方在创业企业中只能获得少数股权，并不会成为大股东和实际控制人。

企业风险投资的概念容易和其他促进创新、增加收入、创造利润的公司行为发生混淆，所以企业风险投资的概念应该排除以下活动：

- 内部创业；
- 部分外部创业活动，如企业离职员工的创业、战略联盟、合资公司、对已上市企业的投资；
- 金融企业纯粹为了增加财务收益的对外投资。

创新效应

创新效应，顾名思义就是创新的效果，国有企业参与风险投资的创新效应即国有企业参与风险投资对创新产生的效果。这一效果涉及的范围可能非常之广，既可能体现在宏观市场层面，也可能体现在微观企业层面；既有可能产生直接的创新效应，也有可能产生间接的创新溢出效应；既可能对创新投入产生影响，也可能对创新产出产生影响。本研究聚焦于微观的、直接的、创新产出方面的效应。此外，国有企业参与风险投资最多同时涉及国有企业（投资方），风险投资机构，创业企业（被投资方）三大主体，其中风险投资机构作为金融中介几乎不从事技术创新活动，而具有产业背景的国有企业和创业企业都会开展创新活动。因此，本书的创新效应具体指国有企业参与风险投资对国企自身创新产出的影响以及对被投创业企业创新产出的影响。

2 文献综述

本部分主要对与本研究直接相关的文献进行了综述。国有企业参与风险投资的创新效应这一研究主题，属于国有（政府）资金参与风险投资和企业风险投资的交叉研究范畴，因此本部分从以下三个方面对相关文献进行回顾：一是国有（政府）资金参与风险投资的研究；二是企业风险投资创新效应的研究；三是企业风险投资的其他相关研究。最后本部分对这些文献进行总结和述评。

2.1 国有（政府）资金参与风险投资的研究

根据研究对象差异，国有（政府）参与风险投资的文献主要可以分为以下几类：第一，针对国有风险投资机构的研究；第二，针对政府风险投资项目的研究；第三，针对国有企业参与风险投资的研究。

针对国有风险投资机构的研究

国有风投机构的研究大多聚焦于微观层面，除少量文献分析了国有风投机构投资的影响因素、投资行为、投资绩效以外，大多数研究集中探讨了国有风投机构对被投资企业的影响。依据研究主题不同，可以分为两类：第一，国有风投机构对企业创新的影响；第二，国有风投机构对企业其他方面的影响

（1）国有风投机构对企业创新的影响

国有风投机构对企业的投资过程中，风投机构作为金融中介，不开展技术创新活动，创新主体只有被投资企业，所以此类研究只围绕被投资企业创新展开。按照研究结论差异，可以分为以下三类：

国有风投机构对被投资企业创新有正向影响

陈伟（2013）[97]基于非资本增值视角，采用280家中国创业板上市公司为样本进行检验发现：国有风投机构可以提高被投资企业的研发人员比例。黄艺翔和姚铮（2015）[101]以2009—2012年中国创业板上市企业为样本，经过研究发现：随着政府研发补助的增长，国有背景风投机构持股的企业研发投入上升幅度大于非国有背景风投机构持股的企业。唐曼萍等（2019）[104]选取2009—2015年创业板上市企业为样本，研究发现：国有风投机构可以提升被投资企业的创新水平；对于高新技术行业企业而言，只有国有风投机构能有效提升企业科技创新投入。

国有风投机构对被投资企业创新没有显著影响

余琰等（2014）[98]以2004—2011年在中小板和创业板上市的341

家公司为样本，结合风险资本来源、国有资本的持股比例以及国有资本的行政级别等因素综合研究发现：国有风投机构对企业研发投入的影响微乎其微。许昊等（2015）[100]选取2013年12月前在创业板上市的355家企业作为对象的研究结果表明：国有背景风投机构对企业研发投入没有显著影响；进一步检验显示，国有风投机构的持股比例对研发投入也没有显著影响。唐曼萍等（2019）[104]采用2009—2015年创业板上市企业的数据，研究发现，在传统行业中，国有背景风投机构并不能提升被投资企业的创新水平。

国有风投机构对被投资企业创新有负向影响

苟燕楠和董静（2014）[99]以中国深圳中小板上市的169家有风险投资支持的企业为样本，研究表明：相对于非国有风投机构，国有风投机构对企业创新有负向影响。王兰芳和胡悦（2017）[102]进行了类似研究，他们以2004—2011年首次获得风投支持的519家企业构建匹配样本，研究同样发现：国有风投机构对企业创新产出的作用劣于非国有风投机构。谢光华等（2018）[103]利用2009—2015年A股上市企业的数据，实证检验发现：国有风投机构投资企业的高质量创新产出数量少于非国有风投机构投资的企业。

（2）国有风投机构对企业其他方面的影响

除了对企业创新的影响以外，国有风投机构对企业其他方面的影响也得到了广泛关注。按照研究主题差异，主要有以下几类：

国有风投机构对被投资企业IPO市场表现的影响

张学勇和廖理（2011）[105]利用2000—2008年获得风险投资并成功上市的企业为样本，研究发现：相比于外资和混合背景风投机构支持的企业，国有风投机构支持的企业拥有较高的 IPO 抑价率和较低的累计异常回报率。许昊等（2016）[106]以 2013 年 12 月前在创业板上市的 355 家企业为研究样本，检验发现：较之民营和外资风投机构，国有风投机构对企业 IPO 首日抑价率和换手率的影响较小。曾庆生等（2016）[107]以 2007—2012 年中小板和创业板申报上市的公司为样本进行研究，结果表明：与非国有风投机构支持的企业相比，国有风投机构支持的企业 IPO 上市总耗时较长，但过会率未有显著变化。

国有风投机构对被投资企业投融资的影响

吴超鹏等（2012）[108]以 2002—2009 年 A 股上市企业为研究对象，研究发现：国有风投机构无法缓解现金短缺企业的投资不足，但是更有可能利用政府关系网络帮助企业获得更多短期债务融资。杨艳萍和尚明利（2019）[109]利用 2012—2017 年上市的 574 家高新技术企业为研究对象，实证检验发现：国有背景风投机构对企业融资约束的缓解效果比非国有背景风投机构差。

国有风投机构对被投资企业绩效的影响

张学勇和廖理（2011）[105]利用 2000—2008 年获得风险投资并成功上市的企业数据进行研究发现：国有风投机构支持企业的会计绩效考核指标（如 ROA 和 ROE）高于私人风投机构支持的企业，低于外资和混合型背景风投机构支持的企业。孙杨等（2012）[110]以 2004—2009 年风投机构支持的中小板上市企业为样本，研究发现：相比于非国有背景的风投机构，国有背景风投机构并不能很好提升被投资企业的经营绩效（主要指主营业务利润率）。李善民等（2019）[111]使用 2003—2016 年 A 股企业的数据，实证检验发现：在异地并购过程中，国有的异地风投机构具有更好的咨询功能，因此他们支持的企业具有更好的并购绩效。

国有风投机构对被投资企业公司治理的影响

张学勇和廖理（2011）[105]利用2000—2008年获得风险投资并成功上市的企业为样本，研究发现：外资背景和混合型背景风投机构支持企业的治理结构要优于国有背景风投机构支持的企业，而私人背景和国有背景风投机构支持的企业仅在董事会规模上存在差异。姬新龙和马宁（2016）[112]以2009年10月—2014年10月在创业板上市的企业为样本，研究发现：国有风投机构对提升企业会计信息透明度没有显著作用，但私人和外资背景的风投机构可以显著提升会计信息透明度。马宁（2019）[113]拓展了姬新龙和马宁（2016）[112]的研究，他利用2004—2014年中小板和创业板上市企业的数据，研究发现：由于市场化运作机制不完善，国有背景风投机构无法提升被投资企业的会计信息透明度，也无法降低代理成本。

针对政府风险投资项目的研究

第一章理论背景部分已简要介绍过政府风投项目的研究主要可以分为四类：政府风投项目对风投基金的影响，对风投机构的影响，对被投资企业的影响，对风投市场的影响。本研究聚焦于微观企业层面，故选取相关性最高的第三类进行详细综述。按照研究主题差异：这一类文献又可分为两个小类：第一，政府风投项目对企业创新的影响；第二，政府风投项目对企业其他方面的影响。

（1）政府风投项目对企业创新的影响

国内政府风投项目（政府引导基金）对被投资企业创新的影响

王晗等（2018）[137]通过私募通数据库搜集2012年12月31日前的

数据，使用双重差分模型研究发现：总体上，政府引导基金对企业创新的影响和私人风投基金不存在显著差异；进一步检验表明，当被投资企业处于成熟期时，政府引导基金对企业创新促进作用强于私人风投基金。董建卫等（2018a）[138]采用了类似的研究设计方案对王晗等（2018）[137]的研究进行拓展，他们基于失败容忍和激励两种理论视角进行分析发现：政府引导基金采用亏损类补偿对企业创新的促进作用高于私人风投基金；当引导基金的参股对象为低声誉风投机构或者投资于高科技企业时，上述促进作用更加明显。董建卫等（2018b）[139]的另一篇论文在研究方案设计方面与上两篇论文类似，他们发现：当政府引导基金进行本地投资时，其对企业创新的促进作用优于私人风投；进一步分类检验显示：当投资对象为本地非高科技企业时，政府引导基金的优势便会消失；无论处于投资扩张期还是成熟期的本地企业，政府引导基金对企业创新的促进作用均优于私人风投。程聪慧和王斯亮（2018）[140]采用2008—2014年由政府引导基金投资且在新三板上市的企业为样本，研究发现：政府引导基金可以提升被投资企业创新产出，且受到引导基金投资的次数越多，提升作用越明显；需要说明的是，这篇研究的比较基准为没有受到政府引导基金投资的企业。

国外政府风投项目对被投资企业创新的影响

Wallsten（2000）[130]以美国政府的SBIR项目为研究对象，搜集了美国777家创业企业的数据进行检验发现：政府风投项目对被投资企业研发费用具有接近一比一的挤出效应，也就是说政府风投项目对被投资企业总体研发费用没有显著影响。Brander等（2010）[135]以加拿大的政府风投项目为研究对象，搜集了1996—2004年3720个创业企业的数据，研究发现：政府风投项目支持的创业企业的创新能力比私人风投投资的创业企业差。Bertoni 和 Tykvová（2015）[136]运用欧洲 7 个国家的政府风投项目为研究对象，搜集生物科技行业 1994—2004 年的数据进行检验发现：政府风投项目和私人风投联合投资的企业专利数量增加幅度显著大于没有受到风投投资的创业企业；当政府风投与私人风投联合投资且由私人风投充当主投时，创业企业的专利数量增加最多。

（2）政府风投项目对企业其他方面的影响

除了对创新的影响以外，政府风投项目对企业其他方面的影响也得到了已有文献的广泛关注。按照研究主题差异，主要有以下几类：

政府风投项目对被投资企业融资的影响

第一，从对国外政府风投项目的研究看，Lerner（1999）[126]以美国政府的 SBIR 项目投资的 541 家企业作为样本，研究发现：受到 SBIR 支持的企业比没有受到 SBIR 支持的企业更有可能获得后续风险投资的青睐。Cumming（2007）[114]以澳大利亚政府的 IIF 项目投资的 43 家企业为样本，研究发现：IIF 项目有助于被投资企业获取更多风险投资。Cumming 和 Johan（2009）[115]采用类似研究方案，选取澳大利亚政府的 PSF 项目进行研究，但是他们的研究结论却表明：相比于私人风投，PSF 并不能帮助被投资企业获取更多风险投资。Munari 和 Toschi（2015）[116]以英国 1998—2007 年风投支持的 898 家创业企业为样本，研究发现：在高技术地区，相比于私人风投，政府风投项目可以帮助被投资企业获得更多轮风险投资，但是在低技术地区，上述效应却并不存在。Guerini 和 Quas（2016）[127]以法国在内的欧洲 7 个国家的政府风投项目为研究对象，实证检验发现：政府风投项目可以提高被投资企业获得私人风投投资的可能性。第二，从国内政府引导基金的研究看，董建卫等（2017）[128]通过私募通数据库搜集2012年12月31日前的创业企业数据，构造匹配样本，研究发现：当采用联合投资时，政府引导基金投资的创业企业在融资方面的表现明显优于私人风投投资的创业企业。冯冰等（2019）[129]基于激励、认证和“良性循环”三个理论假说，采用类似研究方案，分析了政府引导基金对企业后续融资的影响机制，他们发现：当为私人资本提供收益类补偿时，政府引导基金投资可以促进被投资企业后续融资，这一结果支持了激励假说。

政府风投项目对被投资企业上市、并购或清算的影响

Cumming（2007）[114]以澳大利亚政府的IIF项目投资的43家企业为样本，研究发现：IIF投资既不能提升被投资企业成功上市或被并购的可能性，也不能提升企业清算的可能性。Buzzacchi等（2013）[118]搜集英国在内的欧洲15国1998—2007年由EIF项目投资的2482家企业数据，研究发现：EIF的参股比例可以降低被投资企业清算的概率。Munari和Toschi（2015）[116]以英国1998—2007年风投支持的898家创业企业为样本，研究发现：政府风投项目不能提高被投资企业成功上市或被收购的可能性；在低技术地区，政府风投项目可以降低企业清算的可能性。Cumming等（2017）[133]以法国、意大利等欧洲7国的政府风投项目为研究对象，检验发现：政府风投和私人风投联合投资的创业企业成功IPO或被并购的可能性显著高于没有受到风投投资的创业企业，但二者清算的可能性不存在显著差异。

政府风投项目对被投资企业销售增长的影响

Lerner（1999）[126]以美国SBIR项目投资的541家企业作为研究对

象，研究发现：受到 SBIR 资助的企业的销售额增长显著快于没有受到 SBIR 资助的企业，且上述效应在高科技行业和创业活跃区域更加明显。Grilli 和 Murtinu（2014）[131]以欧洲 7 个国家的 903 家受到风投支持的企业的数据构建匹配样本，研究发现：只有当私人风投为主投时，私人风投和政府风投联合投资的企业的销售量增长才会高于没有受到风投投资的创业企业，并且私人风投和政府风投联合投资主要通过财务途径促进企业销售量增长。Grilli 和 Murtinu（2015）[134]以欧洲 7 国的政府风投项目投资的 6513 家创业企业为样本，研究发现：要想促进被投资企业销售量增长，政府风投必须与私人风投进行联合投资，且投资对象只能为年龄较小的创业企业。

政府风投项目对被投资企业员工数量的影响

Lerner（1999）[126]以美国政府 SBIR 项目投资的 541 家企业作为研究对象，研究发现：接受政府风投项目资助企业的员工数量增长速度显著快于没有受到政府风投资助的创业企业；当企业属于高科技行业和创业活跃区域时，上述效应更加明显。Wallsten（2000）[130]同样采用 SBIR 项目投资的企业作为研究对象，但研究结论却大相径庭，他们使用联立方程模型剔除掉内生性后，检验结果表明：SBIR 资助对企业员工数量的影响并不显著。Grilli 和 Murtinu（2014）[131]以欧洲 7 个国家 903 家受到风投支持的企业为样本，研究发现：政府风投项目单独投资以及政府风投项目和私人风投联合投资均无法对员工数量增长产生显著影响。Standaert 和 Manigart（2018）[132]以比利时弗兰德斯地区的 ARKimedes 项目为研究对象，研究发现：政府风投项目可以增加被投资企业的员工数量。

针对国有企业参与风险投资的研究

不同于国有风险投资机构的研究以及政府风投项目的研究，国有企业参与风险投资的研究寥寥无几。究其原因可能在于，国有企业参与风险投资是具有“中国化”和“本土化”特色的实践产物。很多西方国家都是市场经济体制，国有企业这种计划经济体制下的产物在国外实践中并不常见，也未能引起西方学者的普遍重视。在国内，企业风险投资的研究起步较晚，所以至今也很少有国内学者深入国有企业参与风险投资这一领域。在屈指可数的先锋文献中，学者们展开了一些定性地初步探索。例如：

（1）设立原因

商子楠（2011）[151]探究了国有企业进行风险投资的原因。通过分析，他总结出了以下几点原因：第一，国有企业可以从具有上市潜力的创业企业中获取分红。第二，通过风险投资，国有企业可以更加方便地收购这些具有成长潜力的被投资企业。第三，可以使资金获得更加合理的分配。第四，国家经济发展和政策支持有利于国企参与风险投资。第五，各个地方之间的相互竞争推动了国企参与风险投资。

（2）治理结构

鲍竹和陈强（2017）[153]研究了国有资金参与风险投资的治理结构与匹配的投资模式。他们指出，以基金管理公司形式存在的有限合伙治理结构是国资参与风险投资的典型形式。国有企业作为有限合伙人发起或者加入合适的基金并选择优秀的一般合伙人，组建有限合伙制的股权投资基金是这种治理结构下设立的一种运作架构。

（3）资金监管

韩瑞霞和胡波（2017）[152]探讨了国有企业参股的股权投资基金的资金监管问题。他们首先对中国国有企业股权投资的总体情况进行了概览，然后在回顾资金监管环境时，他们发现，国有企业参与的公司制股权投资基金存在监管过严的问题，而有限合伙制股权投资基金则存在监管过松的问题。他们对此还提出了一些纠正监管问题的政策建议。

（4）与国企技术创新的联系

孙竹等（2019）[154]对风险投资促进大型国企技术创新的原因、作用和路径进行了分析。他们指出，风险投资虽不能直接推动大型国企技术创新惯性，但能直接带来颠覆式创新战略回报；风险投资可间接推动大型国企技术创新市场化，有助于解决其技术创新面临的研发投入的预算软约束、技术创新与市场间的屏障，以及技术创新激励机制等问题。综上所述，他们建议国企可以采取投资基金的方式，引导社会资金进入企业技术创新体系，提高大型国企技术创新效率。

2.2 企业风险投资创新效应的研究

企业风险投资（CVC）的创新效应是整个企业风险投资研究系列的重中之重，也是与本文联系最为密切的内容。按照作用对象的不同，相关文献主要可以分为两大类：第一，企业风险投资对母公司（母公司是指开展风险投资业务的大型企业）创新的影响；第二，企业风险投资对被投资企业创新的影响。

企业风险投资对母公司创新的影响

按照研究结论差异，企业风险投资对母公司创新影响有以下三个方面：第一，企业风险投资对母公司创新有正向影响；第二，企业风险投资对母公司创新有非线性影响；第三，企业风险投资对母公司创新有负向影响。

（1）企业风险投资对母公司创新有积极影响

Dushnitsky 和 Lenox（2005a）[3] 率先针对这一主题展开了研究，他们运用美国 2289 家上市企业 1969—1999 年的非平衡面板数据进行检验发现：企业风险投资会增加母公司的专利数量，上述效应受到母公司吸收能力正向调节和知识产权制度的负向调节。万坤扬和陆文聪（2014a）[5] 的研究思路与 Dushnitsky 和 Lenox（2005a）[3] 的类似，他们采用沪深主板 62 家上市企业 2000—2011 年的 471 次投资活动构成的非平衡面板数据，研究结果表明：企业风险投资的创业企业数量越多，母公司的创新绩效越好，母公司的卷入程度和吸收能力可以正向调节上述关系。Smith 和 Shah（2013）[62] 利用 1978—2007 年美国医疗设备行业 128 个企业样本进行研究，他们发现：企业风险投资过程中存在着被投资企业流向母公司的知识流，正因如此，进行风险投资能促进母公司产品创新。林子尧和李新春（2012）[53] 以中国 2006 年制造业上市公司为研究样本，研究发现：企业风险投资金额越大，企业的创新绩效越好，尤其当企业风险投资活动具有战略导向时，上述关系更明显。Vanhaverbeke 等（2008）[61] 的研究基于实物期权理论角度进行分析，他们指出：企业风险投资能够促进企业开放式创新且降低经营风险。Keil 等（2008a）[31] 利用 1993—2000 年美国信息与通信技术行业最大的 130 家企业的数据，实证结果表明：如果企业风险投资母公司和被投资企业属于相关行业，那么企业风险投资活动与创新绩效呈显著正相关。Maula 等（2013）[63] 以 1989—2000 年美国信息通信技术行业企业的时间序列数据，研究发现：企业进行风险投资有利于高层领导及时识别新兴的非连续性技术变化，当企业与高市场地位的风投机构联合投资时，上述正向影响更为显著。Anokhin 等（2016b）[66] 按投资目标对企业风险投资分类后，利用 VentureXpert 数据库搜集了 163 家企业 1998—2001 年的投资数据，研究发现：驱动投资（Driving Investment）和赋能投资（Enabling Investment）有利于母公司创新。Kim 等（2016）[15] 利用美国 IT 行业 145 家上市企业 1997—2007 年的数据，研究发现：企业风险投资增加可以促进企业专利产出。Lee 等（2018）[67] 利用美国高科技行业 77 家企业 1990—2010 年的非平衡面板数据，研究表明：企业风险投资的结构自主性与母公司探索性创新绩效呈正相关，即企业风险投资单元的结构自主性越高，母公司探索性创新绩效越好。

（2）企业风险投资对母公司创新有非线性影响

Wadhwa 和 Kotha（2006）[65] 以美国 1989—1999 年通信设备制造公司的 385 样本，研究发现：企业风险投资组合公司的数量与母公司的创新绩效呈倒 U 型关系，母公司的卷入程度和吸收能力均对上述影响有正向调节作用。Lee 和 Kang（2015）[64] 利用 5 个高科技行业中 97 家企业 1990—2010 年的非平衡面板数据，研究发现：企业风险投资的投资金额和企业风险投资的投资行业多样性均对母公司专利申请数存在倒 U 型影响，吸收能力对上述影响有正向调节作用。Wadhwa 等（2016）[65] 以美国 1989—2000 年 40 家通信设备制造公司的时间序列数据研究投资组合公司多样性对母公司创新的影响。研究结果显示：两者之间存在倒U型关系，投资组合公司的知识资源深度会正向调节上述关系。万坤扬和陆文聪（2016）[68]利用沪深主板62家上市企业在2000—2011年的471笔投资构建非平衡面板数据，负二项回归模型结果显示：被投资企业的知识异质性对母公司创新存在倒U型影响，吸收能力和卷入强度对此影响有积极的调节作用；进一步分析发现：被投资企业知识异质性与母公司知识创造之间在控股型治理结构下呈倒U型关系，而在非控股型治理结构下呈U型关系。乔明哲等（2017a）[69]基于实物期权理论，运用2001—2014年376家参与风险投资的沪深上市公司的数据进行了实证分析，结果表明：企业风险投资的数量与母公司技术创新绩效之间存在着显著倒U型关系，环境不确定性和内部创新投入对于上述关系均起正向调节作用。康永博等（2017）[70]基于组织间学习视角，利用419家A股非金融上市企业在2010—2015年的混合截面数据，研究发现：企业风险投资与技术创新之间总体上呈现倒U型关系；风险投资声誉，行业不确定性，参与程度在两者关系中起正向调节作用。另外，当企业风险投资以战略收益为目标时，二者之间呈现倒U型关系；而当企业风险投资以财务收益为目标时，二者的关系反转为U型。Belderbos等（2018）[71]利用55家来自不同行业的投资活跃的企业数据研究发现：企业风险投资的地理多样性对企业专利数量形成倒U型影响。

（3）企业风险投资对母公司创新有消极影响

现有文献中，很少有研究发现企业风险投资会对母公司创新存在负向影响，负向影响一般只出现在某些很特定的情形下

例如，Keil等（2008a）[31]利用1993—2000年美国信息与通信技术

行业最大的130家企业的数据，经过检验发现：只有当企业风险投资母公司和被投资企业属于不相关行业时，企业风险投资才会对创新绩效产生负向影响。Anokhin等（2016b）[66]按照企业风险投资的投资目标进行分类，利用VentureXpert数据库搜集了163家企业1998—2001年的投资数据，他们发现：有两种类型的企业风险投资会对企业创新产生不利影响：应急投资（Emergent Investtment）和被动投资（Passive Investment）。Lee等（2018）[67]利用美国高科技行业77家企业1990—2010年的面板数据，研究表明：企业风险投资单位的结构自主性与母公司开发性创新呈现负相关关系。

企业风险投资对被投资企业创新的影响

关于企业风险投资对被投资企业创新影响的文献较为丰富，按照研究主题差异，可以分成以下两类：第一，企业风险投资对被投资企业创新投入的影响；第二，企业风险投资对被投资企业创新产出的影响。

（1）企业风险投资对被投资企业创新投入的影响

目前，绝大部分研究表明，企业风险投资可以提升被投资企业创新投入

例如，Paik和Woo（2017）[92]年利用美国2002—2011年受到企业风险投资并成功上市的企业为样本，研究发现：企业风险投资股权比例和创始人任职均对被投资企业研发投入强度有正向影响；更进一步看，当被投资企业创始人为在任高管时，企业风险投资对研发投入强度的影响会被有效放大。王雷和周方召（2017）[91]基于2008—2011年A股市场IPO上市公司的数据，研究结果表明：企业风险投资支持的创业企业

的研发投入显著高于独立风险投资支持的创业企业；除此以外，他们还发现 C 母公司持股比例与被投资企业研发投入呈倒 U 型关系，企业风险投资派驻管理和技术人员到被投资企业对研发投入也有正向影响。薛超凯等（2019）[96]采用 196 家创业板上市公司在 2009 年 10 月 30 日至 2015 年 12 月 31 日的数据研究发现：由企业风险投资支持的创业企业的创新投入显著高于由独立风投支持的创业企业，他们认为造成这一现象的主要原因在于，企业风险投资的投资期限长于一般的独立风险投资机构。王雷和亓亚荣（2019）[95]运用 2008—2016 年在中小板、创业板 IPO 的企业数据，实证研究发现：企业风险投资母公司与被投资企业的行业竞争强度促进了被投资企业的研发支出，母公司的卷入程度（持股比例，董事会、监事会、管理层席位）在上述影响中起中介作用。

（2）企业风险投资对被投资企业创新产出的影响

在这一类文献中，大部分已有研究表明，企业风险投资对被投资企业创新产出有正向影响

例如，Weber 和 Weber（2007）[86]采用定性研究方法对德国的 12 位来自 7 个企业风险投资部门的投资经理进行了访谈，结果表明：企业风险投资可以促进母公司和被投资企业之间的知识转移，从而促进企业突破性创新，关系契合（Relational Fit）可以进一步增强上述效应。Park 和 Steensma（2013）[87]搜集了电脑硬件、无线设备和半导体行业中 508 家 1990—2003 年接受首轮风险投资的企业作为研究对象，检验结果表明：相对于独立风险投资，企业风险投资在投资前对创业企业的创新能力要求更高，在投资后更能提升被投资企业创新产出，风险投资的声誉对上述影响有正向调节作用。Chemmanur 等（2014）[88]采用美国风险投

资业 1980—2004 年的数据，基于 PSM - DID 模型，实证检验发现：企业风险投资支持企业的创新产出高于独立风险投资支持的企业。进一步的研究表明，企业风险投资拥有更高的失败容忍度以及更多的行业知识是造成上述差异的原因。Alvarez - Garrido 和 Dushnitsky（2016）[90]利用美国 1990—2003 年生物科技行业中接受风险投资的 545 家企业进行研究发现：相对于独立风险投资，企业风险投资更能促进被投资企业创新，当创业企业和母公司位于同一地区以及申请 FDA 通过数量较多时，上述效应更显著。Kim 和 Park（2017）[93]使用美国 1990—2001 年成立的 473 家创业企业数据进行研究发现：相对于独立风险投资，企业风险投资更能促进被投资企业创新，这种促进作用在成立不满三年的早期创业企业中更为显著。Park 和 Bae（2018）[94]基于 PSM - DID 模型，对美国生物科技行业 762 家企业进行研究，研究结果同样表明企业风险投资更能促进被投资企业创新。区别在于，他们还发现这一促进作用会受到被投资企业自身专利存量和投资关系建立时间的正向调节。薛超凯等（2019）[96]以 2009 年 10 月 30 日至 2015 年 12 月 31 日在创业板上市的 196 家公司为样本，研究发现：从创新产出角度看，企业风险投资支持的初创企业表现显著优于独立风投支持的初创企业。

少数研究表明，企业风险投资并不能提升创新产出，甚至可能产生负向效应

例如，Cox Pahnke 等（2015a）[89]基于制度逻辑理论，利用 1986—2007 年美国微创外科手术设备行业 198 家企业的数据，研究发现：企业风险投资对被投资企业技术创新有微弱的负向影响。王雷和周方召（2017）[91]基于 2008—2011 年 A 股市场首次公开发行的上市公司数据，

研究结果表明：企业风险投资支持企业的专利申请总数显著少于独立风投支持的企业，总体上企业风险投资对被投资企业创新产出的影响并不显著，并且企业风险投资派驻管理和技术人员到被投资企业会对创新产出造成负向影响。王雷和亓亚荣（2019）[95]运用中小板、创业板市场的IPO企业数据，研究发现：企业风险投资母公司与被投资企业间的行业竞争强度对创新产出有负向影响。

2.3 企业风险投资的其他相关研究

企业风险投资的影响因素

企业风险投资的影响因素有很多，按照研究层面不同，大致可以归为两大类：第一，市场层面的影响因素；第二，企业层面的影响因素。

（1）市场层面的影响因素

行业竞争、变革与不确定性

Fulghieri 和 Sevilir（2009）[14]采用理论模型推导的方式，研究外部竞争对高技术行业企业最优研发组织结构的影响。他们发现：随着外部竞争增强，企业更有可能通过风险投资这种形式进行外部研发。Basu 等（2011）[7]以 1990—2000 年 477 家《财富》世界五百强企业的时间序列数据。研究了大型企业在何种情况下会进行风险投资。他们发现：激烈的行业竞争和快速行业技术变革可以促进企业开展更多企业风险投资。Tong 和 Li（2011）[13]基于实物期权视角，利用美国上市企业

2003—2005 年发生的 546 笔企业风险投资事件和 2229 笔并购事件，研究企业在企业风险投资和并购两种模式之间的选择问题。他们发现：行业不确定性越高，企业越偏好选择企业风险投资；投资不可逆性加强了上述效应，被投资企业的成长机会减弱了上述效应。Kim 等（2016）[15] 利用美国 IT 行业 1997—2007 年的数据，研究市场竞争对企业风险投资的影响。他们发现：激烈的市场竞争会促进企业风险投资规模上升，还会促进研发投资向企业风险投资转化，以上影响在行业领导企业中体现得更明显。

行业知识产权保护

Dushnitsky 和 Lenox（2005b）[8] 利用美国 2289 家上市企业 1969—1999 年的非平衡面板数据，研究企业在何种情况下会选择投资外部中小企业的方式来进行外部研发。他们发现：知识产权保护较弱时，企业更有可能对同行业内的创业企业进行投资。Dushnitsky 和 Shaver（2009）[9] 采用美国 20 世纪 90 年代接受过风险投资的 1646 家初创企业的数据，研究组织间关系形成的限制条件。研究发现：在知识产权保护较差的行业中，处于同一行业内的成熟期企业和初创企业形成企业风险投资关系的概率较低，而在知识产权保护较好的行业中，企业风险投资关系实现的概率较高，这表明行业知识产权保护力度会对企业风险投资活动产生影响。Colombo 和 Shafi（2016）[10] 采用欧洲的数据复制了 Dushnitsky 和 Shaver（2009）[9] 的研究，除验证了 Dushnitsky 和 Shaver（2009）[9] 的结论以外，他们还发现：在知识产权保护不力的时候，欧洲创业企业仍然被同一行业的企业风险投资所吸引。他们认为原因可能在于，欧洲有价值的早期投资项目选择有限，即使在知识产权保护制度薄弱的行业，欧洲的创业企业也愿意与同行业的成熟企业建立投资关系。

其他方面的因素

Dushnitsky 和 Lenox （2005b）[8]利用美国 2289 家上市企业 1969—1999 年的非平衡面板数据，研究发现：技术机会较丰富和行业互补资产重要性较高时，企业更有可能对同行业内的创业企业进行投资。Gaba 和 Meyer （2008）[12]采用 264 家进入过《福布斯》世界五百强的美国 IT 企业 1992—2001 年的数据，他们发现：在信息技术领域，风险投资（非企业风险投资）的扩散和成功能够提升企业参与风险投资的概率。Sahaym 等 （2010）[6]利用美国制造业企业 1997—1999 年的数据，研究发现：行业研发投入强度对企业风险投资活动有促进作用，当行业增长速度较快时，上述促进作用更强。Da Gbadji 等 （2015）[11]以 2008—2011 年《财富》世界五百强企业为样本，研究发现：成熟的早期投资市场可以促进企业开展企业风险投资活动，而所在国家的高个人破产成本则会阻碍企业开展企业风险投资活动。

（2）企业层面的影响因素

企业现金流

Dushnitsky 和 Lenox （2005b）[8]利用美国 2289 家上市企业 1969—1999 年的非平衡面板数据，研究发现：当企业现金流充足且吸收能力较强时，他们更有可能对新创业企业进行投资。刘伟和黄江林（2016）[16]以 2009—2011 年在创业板上市的 204 家制造业企业为样本，研究了企业资源对新创上市公司风险投资决策的影响。他们发现：技术资源以及充裕的现金流均对新上市企业选择企业风险投资战略具有正向影响。

技术因素

Ceccagnoli 等（2018）[19]从实物期权价值影响因素的理论角度，利用全球 58 家在 1985—2007 年发生过至少一次企业风险投资交易的上市制药企业以及他们的 385 个生物技术合作伙伴的二元数据，研究发现：当企业科研能力较弱、获取陌生技术、专注于后期技术时，企业风险投资的期权价值会增加，因此他们更有可能进行企业风险投资。Kim 等（2019）[26]利用 1990—2006 年美国 IT 行业 29 家大企业和 402 家创业企业的专利引用、职业历史和侵权诉讼的数据，研究发现：创业企业和大企业的技术联系会抑制企业风险投资关系形成；当创业企业与那些存在较大机会主义倾向的大企业存在社会联系时，他们之间的技术联系会严重阻碍企业风险投资关系的形成；当创业企业与那些存在较小机会主义倾向的大企业存在社会联系时，两者的技术联系反而会强烈促进企业风险投资关系的形成。

企业资源

Basu 等（2011）[7]基于资源基础观，采用 1990—2000 年 477 家《财富》世界五百强企业的时间序列数据，研究发现：企业拥有较多技术资源、市场资源、多样化投资经验可以促进企业建立更多企业风险投资关系。郑丹辉等（2013）[18]利用我国 197 家民营高科技上市企业 2008—2010 年的相关数据，研究发现：组织冗余资源对企业风险投资活动存在倒 U 型影响，创始人控制正向调节两者之间的关系。Noyes 等（2014）[22]基于社会网络视角，以美国标普 500 指数公司 1996—2006 年的数据为样本，研究网络资源对企业进行风险投资的影响。研究发现：与开展企业风险投资活动的企业建立较多直接（direct）网络联结的企业参与风险投资的可能性较高；与开展企业风险投资活动的企业建立较多二度（second - degree）间接联结的企业参与风险投资的可能性较低；与开展企业风险投资活动的企业建立较多三度（third - degree）间接联结的企业参与风险投资的可能性较高；占据网络中心位置的企业参与风险投资的可能性较高。

公司治理

Anokhin 等（2016a）[20]利用 1998—2001 年全球 153 家企业为样本，研究发现：拥有多重授权的董事占比会对企业风险投资存在正向影响，而 CEO 和董事长两职合一和机构股东持股水平对企业风险投资存在负向影响。Sahaym 等（2016）[21]以美国 2011—2015 年上市的 172 家技术型企业为样本，研究发现，高管团队异质性对企业风险投资存在倒 U 型影响，CEO 两职分离和高管团队持股比例可以加强两者之间的关系。

其他方面的因素

Katila 等（2008）[25]利用美国 5 个科技行业企业 25 年的数据，研究发现：被投资企业金融需求、互补资产需求、时间选择机制和商业秘密保护对企业风险投资关系建立有正向影响。戴维奇等（2012）[24]基于展望理论，利用我国 2006—2009 年电子产业 44 家上市企业的样本数据，研究发现：过往绩效对企业风险投资存在负向影响，高管的层级及与各方的关系可正向调节两者之间的关系。Gaba 和 Bhattacharya（2012）[17]基于行为理论，采用 71 家在 1993—2002 年进入过《福布斯》世界五百强的美国 IT 企业的数据，研究发现：当创新绩效接近其社会期望水平时，企业更有可能进行企业风险投资活动，而不太可能终止企业风险投资活动。Guo 等（2019）[23] 利用 1990—2012 年 3352 家美国上市公司（金融业和公共事业除外）的数据，研究表明：随着分析师关注程度（Analyst Coverage）的增加，企业进行风险投资的概率将得以提升。

企业风险投资的运作

目前，商业数据库对企业风险投资的具体运作覆盖都不完整，所以现有研究成果大多建立在小样本数据、定性讨论或调查数据的基础之上，只有极少量研究采用了大样本实证研究。根据研究主题差异，主要可以分为以下几类：第一，投资模式；第二，组织结构；第三，投资目标；第四，薪酬激励；第五，母公司与被投资企业的联系；第六，企业风险投资与其他经营活动的联系。

（1）投资模式

Winters 和 Murfin（1988）[27] 观察和总结了几种不同的企业风险投资模式，归结起来包括：作为有限合伙人投资（LP 投资模式）、直接投资、设立子公司投资。作者指出，设立子公司更有可能得到专门用于投资活动的基金，因为这比其他两种模式更容易吸引风投机构的合作。同时，设立子公司进行投资还可以减轻被投资企业对母公司不正当行为的担忧。Sykes（1990）[28] 采用 31 家企业的问卷调查和访谈数据，探析了企业风险投资治理实践的演变。在其研究中，有 84% 战略驱动的企业风险投资作为有限合伙人进行投资，81% 直接进行投资，而两种模式都采用的约占 64%。由此，他认为投资目标的差异并不能完全体现在投资结构的差异上。Kann（2000）[30] 区分了三种模式：企业风险投资作为 LP（占样本的 11%）、专用基金（占样本的 11%）和公司管理项目

(corporate – managed – programs，约占样本的78%)，包括直接投资和全资子公司。不同于 Sykes（1990）[28]的研究，Kann（2000）[30]发现投资模式和投资目标之间存在显著相关性：对互补性的创业企业进行投资时，企业更有可能采用 LP 模式；旨在提高内部研发能力的投资，往往更有可能采用公司管理项目这种模式。在 McNally（1997）[29]的研究中，82%的受访企业直接进行投资，43%的企业通过独立风险投资基金进行投资，25%的受访企业同时采用以上两种投资模式。另外，McNally（1997）[29]还发现，大多数企业风险投资项目都有一定程度的投资自主性。通过独立风险投资基金进行投资体现得尤为明显，其中三分之一的项目没有得到母公司批准。相比之下，只有9%的直接投资不需要任何母公司批准。至于投资模式与投资目标之间的联系，他没有发现证据能够表明两者之间存在相关性：无论通过独立风投基金进行投资还是直接投资，企业都将寻找新技术、建立业务关系、获得高额财务收益视为重要目标。Keil 等（2008b）[74]通过1998—2002 年 5 家通信技术企业的纵向案例研究，对 CVC 项目治理提出了自己的见解。他们强调了直接投资和全资子公司之间权衡的必要性：前者可以提供更丰富的技术经验，与被投资企业建立更紧密的联系，更好地理解被投资企业的需求；后者提供与企业家打交道的经验及与其他风投机构的个人关系。Keil 等（2008b）[74]还指出所有投资模式都有一定优点和缺点：例如，以子公司模式进行风险投资可以避免业务部门普遍存在的短视思维，然而由于决策程序孤立，这种模式向业务单元传递新机会的效率较低。陆方舟等（2014）[32]利用 A 股上市企业 1999—2010 年的 277 笔企业风险投资数据研究表明：直接投资模式对母公司企业价值的影响强于控股模式，但与参股模式没有显著差异。

（2）组织结构

Siegel 等（1988）[33]对美国 51 家企业风险投资的组织结构进行了深入而详尽的调查，他们发现大部分企业对风险投资项目都只拥有较低的自主权。通过聚类分析，作者确定了两种企业风险投资类型：以高度自治和永久财务承诺为特征的项目和高度依赖公司批准和资本承诺的项目。Souitaris 等（2012）[34]对 6 个企业风险投资项目的 12 名高管进行了 30 次调查，分析了企业风险投资采用不同结构的原因。研究发现：企业风险投资的组织结构取决于他们的同构焦点（focus their isomorphism）趋向于母公司还是趋向于风险投资行业，而他们的同构焦点取决于企业风险投资向谁寻求合法性及企业风险投资高管团队的专业性。

（3）投资目标

Chesbrough（2002）[35]采用定性研究方法，根据投资目标、被投资企业和母公司关联度这两个维度，将企业风险投资划分为：驱动投资（Driving Investment）、应急投资（Emergent Investtment）、赋能投资（Enabling Investment）和被动投资（Passive Invesment）。Dokko 和 Gaba（2012）[36]研究了企业风险投资管理人员的职业经历对企业风险投资目标变化和操作策略变化的影响。利用 1992—2008 年 70 家企业风险投资的样本数据，他们发现：第一，有过独立风险投资从业经验的管理人员比重越高，企业风险投资的投资目标和操作策略变化越小；第二，有过母公司从业经验的管理人员比重越高，企业风险投资的投资目标变化越大；第三，有过技术从业经验的管理人员比重越高，企业风险投资的投资目标变化越大。陆方舟等（2014）[32]利用 A 股上市企业 1999—2010

年的 277 笔企业风险投资数据，研究了投资目标和母公司价值的关系。检验结果表明：投资目标对母公司价值并没有显著影响。

（4）薪酬激励

Block 和 Ornati（1987）[37]针对 42 家《财富》世界 500 强企业 CEO 关于风险投资经理激励措施的问卷调查显示：虽然很多企业都意识到了绩效工资的重要性，但是考虑到内部薪资公平性，实践中大部分企业并未对企业风险投资经理进行额外的激励，他们的工资水平和其他员工并无二致。另外也没有证据可以表明提供特别的激励机制可以提高企业风险投资的投资项目的绩效。Siegel 等（1988）[33]对企业风险投资人员薪酬的研究显示，31% 的项目只提供基本工资，10% 的项目允许参与人员直接跟投，还有一部分项目根据被投资企业的业绩发放奖金（短期为 29%；长期为 14%）。Sykes（1992）[38]采用案例研究对 8 家企业风险投资中的薪酬激励问题进行了分析。他们发现企业风险投资缺乏股权激励的原因在于四方面：一是与公司其他员工平等方面的需要；二是使被投资项目和母公司利益一致；三是无法确定风险投资的绩效以及薪酬体系的管理复杂性；四是试图避免问题员工变动的风险。Dushnitsky 和 Shapira（2010）[39]选取美国上 20 世纪 90 年代高科技行业发生的风险投资事件为样本，对 300 家企业风险投资和 2530 家独立风险投资进行了比较。他们发现：企业风险投资更加偏好靠后阶段的投资，辛迪加规模更大。当采用薪酬激励后，上述差异会显著缩小。乔明哲等（2012）[40]运用博弈论模型分析表明：薪酬激励对企业风险投资人员的努力程度具有正向影响，而对被投资企业的支持力度具有负向影响。被投资企业和企业风险投资人员的能力分别与薪酬激励强度呈反向和正向关系，与对方的努力水平呈反向关系。项目战略利益与薪酬激励的关系取决于被投资企业和企业风险投资人员能力的相对强弱。

(5)母公司与被投资企业的联系

母公司对被投资企业的监管

McNally (1997)[29]的研究报告指出：英国公司会密切监视它们的投资组合公司：96%的公司在被投资企业的董事会中占有一席之地，且每月或每周与被投资企业进行沟通。Bottazzi 等 (2004)[42]通过对欧洲风险投资的分析发现：68%的企业风险投资拥有投资组合公司的董事会席位，70%的企业风险投资会对投资组合公司进行密切监管并每月实地访问，但是以上两个指标都略低于独立风险投资。Masulis 和 Nahata (2010)[46]对投资监管问题进行了更为全面的实证分析。他们特别调查了177家1996—2001年上市的企业风险投资支持的企业利用IPO招股说明书披露的董事会信息，研究发现：强互补型的企业风险投资获得的董事会席位最多，其次是弱互补型的企业风险投资，而替代型的企业风险投资获得的董事会席位最少。作者还发现，企业风险投资不太可能成为领投。除了董事会席位外，企业风险投资对被投资企业的监管还体现在否决权上。例如，Cumming 和 Johan (2008)[44]分析了223份欧洲企业的投资意向书，他们发现：企业风险投资可以获得更多否决权。

母公司与被投资企业的互动

Hellmann (2002)[41]利用博弈论研究了企业风险投资母公司在和被投资企业存在利益冲突的情况下，达到战略协同。他们指出，如果被投资企业与企业风险投资母公司存在互补，那么向战略投资者直接获取融资是最优选择；如果被投资企业对企业风险投资母公司有较弱的替代关系，那么应该选择独立风险投资；如果被投资企业对企业风险投资母公司有较强的替代关系，那么选择由独立风险投资牵头的投资辛迪加。创业企业的预期回报是非单调的，双方存在温和替代关系时，预期收益最低；存在强烈替代和互补关系时，预期收益最高。Bottazzi 等（2008）[43]利用 1600 多家风险投资支持的欧洲企业为样本，研究表明：与独立风险投资相比，企业风险投资对投资组合公司的参与度较低：企业风险投资在招聘高级管理人员和聘请外部董事方面的参与度较低。Maula 等（2009）[45]针对美国科技型创业企业的 91 位 CEO 研究发现：被投资企业与企业风险投资者之间的互补性与被投资企业的社会交往水平呈正相关，与被投资企业对不同类型关系保障措施（例如，禁止企业风险投资的投资者进入董事会等）的使用呈负相关，保障措施的使用与已实现的关系风险和社会互动呈进一步负相关关系，社会交往与学习效益的实现呈正相关。这些发现强调了在企业风险投资的互动中，被投资企业应当在开放和自我保护之间取得良好平衡。

（6）企业风险投资与其他经营活动的联系

与企业并购的联系

Tong 和 Li（2011）[13]基于实物期权理论，对美国上市公司的 2003—2005 年发生的 2775 笔交易数据进行分析发现：企业风险投资和并购交易存在替代关系。具体来说，随着行业不确定性增加，企业更有可能选择企业风险投资，而不是并购交易。Benson 和 Ziedonis（2009）[47]以 34 家企业对 242 家科技型初创企业的收购数据为样本，利用事件研究法分析了企业风险投资对并购绩效的表现。他们发现：企业风险投资增加可以提升并购绩效，但是提升作用会逐渐减弱。对于持续稳定参与风险投资的企业来说，并购绩效的提升作用更加突出。Benson 和 Ziedonis（2010）[48]对 1987—2003 年被 61 个 CVC 投资者收购的 530 个企业为样本，研究发现仅有 89 个被投资企业（17%）被其原来的企业风险投资母公司收购。此外，并购企业风险投资组合公司会对母公司股东造成负向影响，具有自主治理结构的企业风险投资项目可以降低这一负向影响。

与战略联盟的联系

Colombo 等（2006）[49]基于 1994—2003 年 522 家意大利科技型初创企业的研究发现：同一家企业风险投资支持的两家创业企业之间更有可能形成战略联盟。此外，企业风险投资支持的创业企业更有可能进入技术开发领域，而不是商业化联盟。Mathews（2006）[50]利用博弈论进行理论推导得出：创业企业和企业风险投资母公司之间的联盟可以提升双方的效率。但是，必要的知识转移提高了企业风险投资母公司进入其合作伙伴市场的动机，双方之间的股权关系安排可以消除企业风险投资母公司的进入动机。Dushnitsky 和 Lavie（2010）[51]基于资源基础观，采用 20 世纪 90 年代 372 家美国上市软件企业的联盟和风险投资数据，研究发现：企业风险投资和联盟之间形成倒 U 型关系。他们推测，一方面资源的互补性和网络资源的可见性强化了企业风险投资与战略联盟形成之间的关系，另一方面，外部资源冗余和内部资源配置约束又会减弱联盟形成对企业风险投资的影响。他们还发现，企业风险投资和战略联盟形成的正向关系会随着三个因素的增加而减弱：母公司拥有的内部资源存量，母公司的年龄，母公司积累的企业风险投资经验。Van de Vrande

和 Vanhaverbeke（2013）[52] 基于实物期权视角，利用美国制药行业 1985—2000 年的数据，研究企业风险投资对战略联盟形成的影响以及不确定性在其中的作用。研究发现：先前的企业风险投资关系增加了母公司与创业企业建立战略联盟的可能性；当技术不确定性越低、市场不确定越低、伙伴不确定性越高时，上述关系会得到显著加强。

企业风险投资的其他效应

企业开展风险投资活动，不仅会产生创新效应，还会产生许多其他方面的效应。按照作用对象的不同可以分为：企业风险投资对母公司的影响和企业风险投资对被投资企业的影响。

（1）企业风险投资对母公司的影响

企业风险投资对母公司企业价值的影响

第一类，企业风险投资对母公司企业价值有正向影响。例如，Dushnitsky 和 Lenox（2006）[54]利用 1990—1999 年 1200 家美国上市公司的数据，研究发现：参与风险投资可以提升企业价值；设备、半导体、计算机行业内此效应最为明显；当企业明确追求战略目标时，参与风险投资对企业价值的边际贡献会上升。孙健和白全民（2010）[55]利用中国 27 家上市公司 1999—2006 年的投资数据，研究发现：企业进行风险投资活动可以显著提升企业价值。陆方舟等（2014）[32]利用 A 股上市企业 1999—2010 年 277 笔企业风险投资的数据，研究表明：相比于控股模式，直接投资模式更加有利于母公司企业价值提升。Titus 和 Anderson（2018）[60]基于注意力基础观和权变理论，利用 1998—2008 年美国 95 家企业的面板数据进行了研究，指出经营集中度可以加强企业风险投资和母公司价值之间的正向关系；环境丰富性会减弱两者之间的正向关系；在投资规模大、经营集中度高、环境宽裕度低的企业中，母公司价值增长幅度最大。

第二类，企业风险投资对母公司企业价值有非线性影响。例如，万坤扬和陆文聪（2014b）[56]基于实物期权理论，利用沪深主板 77 家上市企业 2000—2012 年投资的 670 个创业企业样本组成的非平衡面板数据，实证研究发现：企业风险投资的投资组合多元化与母公司价值之间存在 U 型关系，组织冗余正向调节两者之间的关系。Yang 等（2014）[57]利用 1990—2004 年美国上市公司的数据发现：企业风险投资的投资组合行业多样性对母公司价值存在倒 U 型影响；另外，母公司的财务约束越强，上述影响越强。万坤扬（2015a）[58]基于企业风险投资项目异质性视角，采用 2000—2012 年沪深主板 78 家上市企业投资的 686 个创业企业样本组成的非平衡面板数据，研究发现：被投资企业组合多元化与母公司价值之间的 U 型关系只有在非控股型企业风险投资项目治理结构下才成立，在控股型企业风险投资项目治理结构中并不成立。组织冗余对两者关系具有正向调节作用。万坤扬（2015b）[59]从企业价值水平角度又进行了拓展，他采用同样的数据结合分位数回归模型，研究发现：只有具备一定企业价值水平的公司投资者才可能通过企业风险投资来实现价值创造，并且企业风险投资组合多元化与母公司价值创造之间存在复杂的 U 型关系；组织冗余对 U 型关系有正向调节作用，但企业价值水平不同，则调节效应大小不同，实现价值创造的企业风险投资组合多元化临界值也就不同。

第三类，企业风险投资对母公司企业价值没有影响甚至有负向影响。例如，林子尧和李新春（2012）[53]以中国2006年制造业上市公司为研究样本，他们发现：企业风险投资的金额越大，企业的成长价值越低；当企业风险投资具有显著战略导向或者投资强度较高时，成长价值的损失更大。对此，他们给出的解释是：企业投资者并没有很好地发挥与被投资企业的协同效应，自身的惯性可能导致其不愿意改变现有的产品与市场结构，从而导致企业风险投资活动为其创造的成长价值并不明显，甚至造成了资源无效率配置。陆方舟等（2014）[32]基于沪深上市公司1999—2010年277笔企业风险投资数据，研究发现：企业风险投资目标与母公司价值创造之间并无显著相关关系。

企业风险投资对母公司财务绩效的影响

Allen和Hevert（2007）[1]利用美国信息技术行业90家企业在1990—2002年的数据，实证研究发现：以内部收益率和净现金流为指标，总体上企业风险投资的投资财务绩效为负并呈现双峰分布，其中少数企业风险投资项目具有较高的内部收益率，大多数企业风险投资不具有回报或者具有负的内部收益率。在互联网泡沫最严重时期，企业风险投资项目回报率最低。林子尧和李新春（2012）[53]以中国2006年制造业上市公司为研究样本，他们发现：企业风险投资的金额越大，企业的财务绩效越低。另外，当企业风险投资具有显著的战略导向或者投资强度较高时，财务绩效损失更大。

企业风险投资对母公司学习和知识转移的影响

Keil（2004）[72]利用欧洲的两个信息和通信技术领域大型企业的纵向案例研究，分析了企业如何通过风险投资进行学习从而提升能力。研究发现：习得性学习和经验性学习都对培养企业能力有正向作用，并且这两者具有互补性。进一步看，企业的资源禀赋和组织结构等因素会影响企业学习的轨迹，知识编码和社会网络能突破上述因素的限制。Schildt 等（2005）[73]利用美国 110 家最大的公共信息和通信技术公司在 1992—2000 年的数据，研究表明：企业风险投资对开发性学习和利用性学习只有微弱的正向影响。Keil 等（2008b）[74]利用五个信息和通信技术领域的大型跨国公司的纵向案例研究，分析了母公司如何利用对外投资进行学习。研究发现：企业风险投资可以视为一种非嵌入式实验，母公司不必直接参与运营就可进行学习，这有助于企业意识到现有能力的缺陷，克服惯性约束，从而影响对能力开发类项目的投资决策。Yang 等（2009）[75]利用 1999—2011 年美国上市企业 2110 个企业风险投资案例为样本，研究发现：企业风险投资有助于母公司进行学习，从而提升创业项目的筛选和估值能力，并且进行后期投资时该学习效应更强。Lee 等（2015）[76]利用 1995—2005 年企业投资数据和专利引用数据，研究了企业风险投资对组织间知识转移的影响。研究发现：企业风险投资对知识转移存在倒 U 型影响；相对于弱连接，企业风险投资项目和母公司之间的强联结更有利于知识转移；相对于低知识多样性，高知识多样性的母公司更有利于知识转移。

（2）企业风险投资对被投资企业的影响

企业风险投资对被投资企业上市和并购的影响

Gompers 和 Lerner（1998）[77]研究了 1983—1994 年的 3 万轮风险投资，他们发现：受到企业风险投资支持的企业成功的可能性大于或者等于独立风险投资支持的企业。如果被投资企业和母公司在技术上是匹配的，那么它最有可能成功。其中，成功是指 IPO 上市或被高估值收购。

作者还发现，与独立风险投资相比，企业风险投资的溢价较高。Ivanov 和 Xie（2010）[78]利用 1510 家 1981—2000 年上市且有风投支持的创业企业数据，研究了企业风险投资和创业企业之间的战略契合对创业企业 IPO 和并购的影响。他们发现：当被投资企业与母公司存在战略契合时，企业风险投资可以更好地发挥价值增加作用，使创业企业在 IPO 和被收购过程中享有估值溢价。Park 和 Steensma（2012）[79]利用美国无线电、计算机和和半导体行业 508 家 1990—2003 年接受首轮风险投资的企业为样本，研究发现：当创业企业需要专有性互补资产或面临高度不确定性的外部环境时，企业风险投资可以提高被投资企业成功 IPO 或避免失败的可能性。Kang（2019）[80]利用美国 2001—2013 年 1121 家受到风险投资支持的新创企业数据，研究发现：在联合投资辛迪加中，企业风险投资和独立风险投资的相对声誉对被投资企业成功的概率有显著负向影响；当母公司和被投资企业的地理位置邻近性较高时，这种负向影响会增强，当企业风险投资和独立风险投资有过合作关系时，这种负向影响会减弱。

企业风险投资对被投资企业股票市场表现的影响

Wang 和 Wan（2013）[81]基于资源基础理论和多重委托代理理论，利用 2000—2007 年 200 家风投支持企业 IPO 的数据，研究发现：独立风险投资的持股比例对被投资企业 IPO 抑价有正向作用，而企业风险投资的持股比例对 IPO 抑价有负向影响。乔明哲等（2017b）[82]基于信息不对称理论，利用 2013 年年底创业板 355 家上市企业为对象，研究发现：企业风险投资支持的创业企业 IPO 抑价水平显著低于其他类型企业；企业风险投资持股比例与 IPO 抑价之间存在类似“∽”型的非线性关系；且该非线性关系受双方业务相关性的影响。Song 和 Lee（2018）[83]利用韩国风险投资业 2000—2013 年的数据，对比了 IPO 情境下独立风险投资和企业风险投资在监管方面的差异。研究发现：企业风险投资对被投资企业盈余管理有抑制作用，对 IPO 长期绩效的增长有促进作用。

企业风险投资对被投资企业学习和知识转移的影响

Maula 等（2009）[45]对 91 家由企业风险投资支持的创业企业进行了调查研究。他们发现：企业风险投资可以为被创业企业提供有关市场知识、技术诀窍、竞争信息等学习机会。母公司与创业企业的互补性和社会互动可以增大学习收益实现的机会。Di Lorenzo 和 Vareska（2019）[84]利用美国 1992—2005 年接受英特尔资本（Intel Capital）投资的企业数据，研究发现：企业风险投资和被投资企业雇佣母公司的发明家都可以促进知识从母公司转移到被投资企业，并且两者对知识转移的影响存在互补作用。

企业风险投资对被投资企业知识产权的影响

Uzuegbunam 等（2019）[85]利用美国 2004—2011 年 3710 个来自不同行业的观测数据，研究发现：企业风险投资可以提升创业企业以技术为中心的知识产权成果（专利和著作权），当创业企业拥有较多行业经验时，上述影响较弱。另外，企业风险投资会减少以市场为中心的知识产权成果（商标）。Maula 等（2009）[45]对 91 家由企业风险投资支持的创业企业的调查研究发现：企业风险投资可能导致创业企业的自治权和知识产权受到侵害，创业企业的防御措施能够减少不利影响，与此同时，它也限制了学习效益。

通过梳理文献我们可以看出，国有（政府）资金参与风险投资以及企业风险投资都是已有研究的热点所在，学者们从多个角度进行了深入分析。国有（政府）资金参与风险投资和企业风险投资产生的创新效应也得到了诸多研究的证实。这些研究成果为本研究提供了理论支撑，同时为研究思路的确定和研究方法的选择奠定了坚实基础。然而，总结以上研究不难发现尚存在以下几点不足之处。

从国有（政府）资金参与风险投资的研究看，在实践中，国有（政府）资金进行风险投资主要有三种参与形式：国有风险投资机构、政府风险投资项目（国内主要为政府引导基金）、国有企业风险投资。目前的理论研究主要对前两种形式展开了深入分析并形成了丰富成果。但是，针对国有企业风险投资这一新兴形式的研究非常少见，屈指可数的几篇文献也均停留在初步定性探讨阶段。国有企业风险投资和其余两种参与形式在投资主体、运作模式、管理机制等诸多方面都大相径庭，如果缺乏针对性的大样本实证研究，可能无法掌握国有（政府）资金参与风险投资这一问题的全貌。

从企业风险投资的研究看，已有文献主要探讨在市场经济体制下，基于市场经济理论体系展开分析，研究对象以私人（民营）企业为主，缺乏针对国有企业的研究。国有企业作为中国特色社会主义市场经济体制中特殊且重要的一类企业主体，较之私人企业有自身独特的运作机制、政策使命、激励体系……所以，当前针对私人企业的研究结论未必适用于国有企业。如果将国有企业风险投资和私人企业风险投资笼统地归为一体，不加区分，就无法准确认识企业风险投资的内在逻辑，也无法明确股权性质在企业风险投资中发挥的作用。

从投资模式的研究看，已有文献研究根据实践情况总结归纳了两种企业风险投资的模式：LP 模式和直接投资模式。在不同类型的模式之下，企业风险投资的自主性、资金来源、投资目的、信息和资源流动等有一定差异，这有可能导致不同投资模式产生的效应发生差别。然而，现有研究却未能在投资模式分类的基础上再进一步，展开更深一层研究。对此，董静和徐婉渔（2018）[155]在 2018 年发表的综述性论文中提出了以下呼吁："关于投资模式的分类研究目前仍然十分少见，未来研究同样可以考虑从这一角度切入，探索公司风险投资的不同模式对母公司和新创企业的不同影响。"①

从创新效应的研究看，相比于一般金融机构对企业的投资，国企进行风险投资，涉及了两个创新主体：国有企业和创业企业。然而，在现有文献中，部分研究关注了企业风险投资对母公司的影响，另有部分研究关注了企业风险投资对被投资企业的影响，尚未有文献同时兼顾这两方面影响。从社会发展角度看，国有企业参与风险投资不仅承担了盘活自身沉淀资金、提高自身创新能力的任务，另外，还要力争起到为创业企业提供资金、培育创业企业创新成长的作用。因此，只从国有企业或者只从创业企业角度评估创新效应都较为片面。另外，上述文献显示，企业风险投资究竟对创新有何影响还莫衷一是，当研究对象为国有企业时，又会造成何种影响（正向、负向，或者是非线性）这些问题都亟待分析。

基于以上几点理论研究不足，下文将搜集相关数据，系统实证研究国有企业参与风险投资的创新效应。第一，按照投资模式不同，将国有企业参与风险投资分为 LP 模式和直投模式。第二，在每种模式下，按

① 企业风险投资也被称为公司风险投资。

照创新主体不同，分别从理论和实证两方面研究国有企业风险投资对国有企业自身以及对被投资企业创新的总体影响。第三，依据国有企业、被投资企业、风投机构的特征不同，再进行细分研究，明确不同情境下创新效应的差异以及上述效应产生的机理。第四，将国有企业参与风险投资的创新效应与民营企业进行定量比较，解答国有企业参与风险投资的创新效率问题。第五，汇总以上检验结果，讨论两种投资模式下创新效应的大小。

3 LP 投资模式下国有企业参与风险投资的创新效应研究

本章是本书的第一个专题子研究，探讨在 LP 投资模式下国有企业参与风险投资的创新效应。按照经典的实证研究范式，按照以下五个步骤展开研究：第一，对 LP 投资模式和典型案例进行简要介绍。第二，按照作用对象差异，将创新效应划分为对国企自身创新的影响和对被投资企业创新的影响两部分。第三，基于信息间接泄露视角，分析国企参与风险投资对自身创新的总体影响并以此为基础，分析不同情境下上述影响的差异，进一步验证 LP 模式下信息间接泄露机制是否成立。第四，基于资源间接流动视角，分析国企参与风险投资对被投资企业创新的总体影响并以此为基础，分析不同情境下上述影响的差异，进一步验证 LP 模式下资源间接流动机制是否成立。第五，搜集数据对相关变量进行测度，选取合适的计量经济学模型对研究假设进行检验，将检验结果与民营企业数据进行比较。

3.1 LP 投资模式概述

无论国内还是国外，风险投资活动通常以投资基金方式开展，基金组织结构一般为有限合伙制（Lerner 等，2007；Hochberg 和 Rauh，2013；Zhelyazkov，2014）[156]~[158]。结合图 3－1 的形象展示可以看到，有限合伙制下，风投基金由有限合伙人（Limited Partner，LP）和一般合伙人（General Partner，GP）构成。其中，LP 为基金的出资人，由母基金、社保基金、富有个人和上市企业等担任，但不负责具体运作；而 GP 为基金的管理者（通常也需要投入少量资金），由专业的风投机构担任，负责基金的日常运作（寻找投资标的、管理创业企业、设计退出方案等）。由此可见，整个风险投资基金运作过程涉及了 LP，风投机构和创业企业三个行为主体。

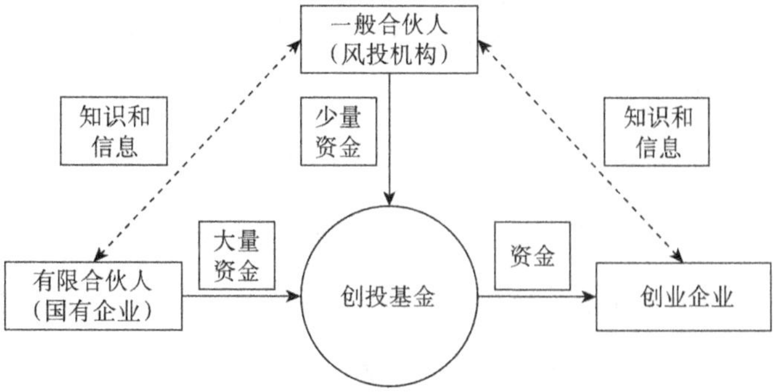

图 3－1　国有企业以 LP 模式参与风险投资的示意图

LP 投资模式，顾名思义，就是企业充当有限合伙人的角色（见图 3－1），将资金交由专业的风投机构管理，让其筛选合适的创业企业进行投资。LP 模式和母基金的差别在于，大型成熟企业作为 LP 投资使用的是自有资金，不需要对外募集，而母基金作为 LP 投资需要对外募集资金。鉴于资金的所有者和使用者相互分离，LP 模式是一种典型的间接投资。

LP 投资模式是企业进行风险投资活动常见的一种模式（McNally，1997）[29]。据私募通数据库的不完全统计，截至 2019 年，已有 793 家 A 股上市公司以 LP 模式进行过风险投资。当然，国有企业也常采用这一投资模式。例如：中国长江电力股份有限公司（600900. sh）作为 LP 参股了建银医疗基金，由建银国际财富管理（天津）有限公司担当一般合伙人，在其运作之下投资了创生控股，博生医疗等创业企业。中航航空高科技股份有限公司（600862. sh）作为 LP 参股了亚商易富基金，由亚商资本担任一般合伙人，在其运作下投资了洁驰科技、达威科技等创业企业。

3.2 国有企业以 LP 模式参与风险投资的理论分析与假设

明确了 LP 模式的具体含义后，本节将从理论上分析国有企业以这一模式参与风险投资可能产生的创新效应。LP 模式中共有国有企业和被投资企业两个创新主体，所以创新效应可分为对国企创新的影响以及对被投资企业创新的影响。

国企参与风险投资对自身创新的影响

本部分从理论上分析国有企业作为 LP 参与风险投资对自身创新的总体影响，以及此影响在不同的情境下是否会发生改变。

（1）总体影响

创新是企业保持竞争力的源泉，但仅依靠内部研发往往无法达到市场对企业创新的要求。基于此，越来越多企业投入外部研发活动中去（如建立研发联盟、设立合资企业等），以求通过跨组织边界搜寻方式来获取新知识和信息，从而提升自身创新能力（Keil，2004；Keil 等，2008b；Fulghieri 和 Sevilir，2009）[14],[72],[74]。本书认为，以 LP 模式参与风险投资也是一种外部研发活动，可以帮助国企获取被投资企业泄露的新技术信息。具体逻辑如下：

根据图 3－1 展示的 LP 投资模式可知，LP 和被投资企业并不存在直接联系，而是通过风投机构间接相连。所以，分析国企和被投资企业之间的知识和信息流动可以从被投资企业和风投机构的信息流动，以及风投机构和国企的信息流动两方面展开。

首先，分析被投资企业和风投机构的信息流动情况。有别于一般投资者，风投机构会为被投资企业提供一系列增值服务，比如协助创业企业制定发展战略，整合战略资源，规范公司治理结构，设计企业激励约束机制，引入中介服务机构，提供金融网络资源等（Hellmann 和 Puri，2002；Kaplan 和 Strömberg，2004；Lindsey，2008；Hochberg；2012）[159]~[162]。因此，现有学者普遍认为存在由风投机构向被投资企业的信息流（Celikyurt 等，2014）[163]。事实上，两者之间还可能存在着反向信息流。众所周知，风投机构在投资前会花费巨大人力成本和时间成本对目标企业开展长达几个月的尽职调查。除了掌握目标企业的管理团队、财务状况、目标市场以外，来自风投团队的专业人员还会对被投资企业的核心技术和研发情况展开深入考察，这为风投机构获取被投资企业前沿技术信息提供了良好的客观条件（Wadhwa 等，2016）[65]。另外，在投资过程中，风投机构会派驻人员到被投资企业的董事会参与日常管理，并经常举行会议来系统评价被投资企业在技术等方面的表现，这也为风投机构深入了解相关技术信息创造了便利。现有很多研究成果都支持了这一观点，例如 Hasan 等（2018）[164]通过实证检验发现，风投机构可以通过占据董事会席位从被投资企业获取前沿技术信息，提升自身技能，从而有助于其在后续投资中取得更好绩效。Cox Pahnke 等（2015b）[165]指出创业企业对外部资源的强烈依赖性迫使其披露关键技术信息以换取投资机构垂青，也就是说风投机构和被投资企业的投资关系建立会使被投资企业的关键技术信息无可避免地流向风投机构。

接着，分析风投机构和国企的信息流动情况。从风投基金组织形式看，LP 只负责出资但不参与具体业务，因此理论上风投机构掌握的技术信息不会流向 LP。然而，这一观点在实践中可能并不成立。风投领域的国际知名学者 Ozmel 等（2019）[166]最新研究发现，美国 LP 通过对风投机构的监管，可以获取更多被投资企业内部信息，从而在被投资企业上市后获得二级市场超额收益。在中国，LP 参与投资的热情非常高涨，他们对风投机构的监管更为严厉，出现了 GP 化倾向和“妻管严”现象①。

---

① 有限合伙人的英文简称为 LP，这与中文“老婆”拼音的首字母相同，因此业界将 LP 较多干预风投基金运作的现象风趣地称为“妻管严”。

除了定期的投资报告外，LP 还会通过在投资决策委员会中占据一定席位、设立咨询委员会等方式来干预风投机构政策制定，有时甚至还会发生全部 LP 和 GP 都进入投资决策委员会的情况。从风投机构角度看，募资是风险投资“投融管退”的第一阶段，也是非常困难的一个步骤。Hochberg 等（2014）[167]研究发现，如果风投机构下次募集的基金中没有本次 LP 出资，就很可能无法说服其他 LP 来投资，本次出资的 LP 借此可以套牢风投机构。这导致了风投机构的相对弱势地位及维护好与 LP 的关系的必要性增加。为了博得现有 LP 的“欢心”，风投机构可能会放弃有限合伙制的一些基本原则，情非得已地答应 LP 参与投资决策和投资后管理的要求。结合本文研究主题看，当国企担任 LP 时，由于国有资产具有增值保值的压力，国企就更有动机对所投资项目进行严格监管，上述中国式“妻管严”会变本加厉，使风投机构不得不将被投资企业的信息泄露给 LP。Cox Pahnke 等（2015b）[165]指出第三方借由风投机构与创业企业形成间接联结（Indirect Ties），可能会造成创业企业的竞争信息泄露（Competitive Information leakage），在本文情境下，即创业企业的技术信息通过风投机构间接泄露给国有企业，形成“被投资企业→风投机构→国企”信息流。

综上所述，本书认为国企作为 LP 参与风险投资，虽然没有和创业企业发生直接接触，但可以通过风投机构跟创业企业建立间接通道，创业企业的先进技术信息经此通道会间接泄露给国企。国企通过深入学习吸收创业企业外泄的前沿技术，可以提升自身创新产出。故提出以下假设：

假设 1：国企通过 LP 模式参与风险投资能显著促进自身创新。

（2）分类影响

本部分继续深入研究对总体的影响，一方面明确不同情境下国企采用 LP 模式参与风险投资对自身创新的不同影响，另一方面通过分类研究，为总体影响中提出的理论机制——信息间接泄露机制提供进一步验证。

国企所在行业竞争程度

由于所有权缺位、缺乏有效的约束激励机制等原因，国企普遍存在委托代理问题。Eisenhardt（1989）[168]的经典论文指出，统一委托人和代理人的利益是解决委托代理问题的最优方法。Geroski 等（2010）[169]研究指出，行业竞争作为一种典型的外部控制手段，可以促进委托人和代理人利益统一，从而解决委托代理问题。从实践情况看，我国的国企广泛分布于国民经济各个行业之中，面临完全不同的行业竞争。本书认为行业竞争差异会改变国企参与风险投资对创新产出的影响，具体如下：

从企业生存角度看，在竞争激烈的行业中，国企面临着大量竞争对手以及丰富的替代性产品。即便背靠政府，掌握大量稀缺性资源，国企也必须对市场变化保持敏锐和不断创新。Ralston 等（2006）[170]发现，激烈的市场竞争会促使国企调整战略，积极寻找新的生存机会。从国企管理者的角度看，激烈的竞争行业中存在着丰富的比较对象，评价国企绩效就有了明确的参照系。如果国企不创新导致经营不善，那高管被撤换的概率会大大提升，这将给高管的政治生涯蒙上阴影（宋德舜，2004）[171]。以上两个角度的分析都表明高度市场竞争会增强企业创新动力。

风投机构将被投资企业的技术信息泄露给第三方（包括 LP 在内）是一种非道德行为，有悖于保密协议，有时甚至还会损害被投资企业（Cox Pahnke 等，2015b）[165]。所以，风投机构本质上并不愿意主动泄露这些信息，只不过是迫于地位不对等的无奈之举。当国企处于高竞争行业内时，生存和高管晋升两方面压力会促使其更积极主动地通过外部渠道获取知识和信息，因此同样以 LP 模式进行风险投资的情况下，他们会向风投机构施以更大压力，导致风投机构向其泄露更多被投资企业的技术信息。另外，伴随着竞争压力，国企还会更积极地吸收利用被投资企业泄露的知识和信息，从而对自身创新产生更强的促进作用。

在关系国家安全和国民经济命脉的行业中，国企往往处于垄断地位。由于没有明显行业竞争，国企的生存挑战较小。另外，市场上同类型的企业少，无法为绩效评价提供合适参照系，导致国企高管被撤换的概率大大下降。所以，这些行业中的国企可能会坐享其成，满足于现有产品和服务体系。Zhou 等（2017）[172]研究指出行业竞争不足会明显降低国企创新动力。此时，国企作为 LP 参与风险投资有可能只是为了响应政策号召，向风投机构索取被投资企业前沿技术信息的动力不足。即便得到了相关技术信息，将其吸收并内化为自身创新要素的动力也还是不足。以上两者共同造成低竞争行业内国企作为 LP 参与风险投资对自身创新的提升作用减弱甚至消失。

综上所述，本书认为当行业竞争比较激烈时，国企拥有更大动力通过风险投资获取和利用创业企业间接泄露的技术信息，从而对自身创新产生更强正向影响。故提出以下假设：

假设 2：当处于高竞争行业时，国企通过 LP 模式参与风险投资对自身创新的促进作用更强。

被投资企业所处地区市场化程度

我国幅员辽阔，不同地区发展呈现出明显不平衡现象。东部沿海地区经济发展速度相对较快，市场化水平较高，中西部地区经济发展速度较慢，市场化水平相对低一些。本书认为创业企业所处地区的市场化程度差异会改变国企参与风险投资对创新产出的影响。具体如下：

创业企业在谋求外部风险投资时，存在信息披露悖论（Dushnitsky 和 Shaver，2009）[9]：一方面，风投机构和创业企业之间存在信息不对称，为防止逆向选择，创业企业需要披露技术信息来提高获得融资的可能性；另一方面，风投机构存在道德风险，披露过于详细的信息可能导致核心技术泄露。当风投基金背后的 LP 为普通的金融机构（或富有个人）时，创业企业信息泄露的负面效应较弱，原因在于金融机构（或富有个人）并不开展创新活动，从创业企业获得的技术信息没有直接用武之地。而当 LP 是有产业基础的大型企业时，创业企业的技术信息可以直接为其所用，生产出同类型的产品，这会使创业企业的核心竞争力下降，信息披露的负面效应由此产生。Katila 等（2008）[25]指出，对于创业企业而言，接受大型成熟企业的投资是一件危险与机遇共存的事情，他们形象地称为“与鲨共泳（Swimming with Sharks）”。

在市场化程度较高的地区，法律制度环境发展较好，对知识产权和专利的保护水平更高，因此创业企业核心知识和技术信息能得到更好保护。此时，风投机构获取创业企业核心信息受到法律制度的约束更强，保密协议等正式契约的约束作用更明显，进而导致国企间接获取这些信息的难度大大增加。而在市场化程度不高的地方，相关法律不规范，创业企业的知识产权无法得到制度有效保障，国企通过风投机构获取创业企业核心知识受到的约束和成本较小，信息泄露更容易发生。Dushnitsky 和 Shaver（2009）[9]的研究从侧面支撑了以上观点：他们发现在知识产权保护较弱的地区，如果大型企业和被投资企业处于同一行业，那两者建立投资关系的可能性会大大降低，对此他们的解释是：当知识产权保护较弱时，被投资企业更担心自身的技术信息被成熟企业窃取。

综上所述，本书认为当所在地区的市场化程度较低时，创业企业的技术信息无法得到有效保护，发生泄露的可能性较高。换言之，国企通过 LP 模式间接获取创业企业前沿技术信息的便利性较高，成本较低，所以更有助于提升自身创新。故提出以下假设：

假设 3：当被投资企业处于低市场化程度地区时，国企通过 LP 模式参与风险投资对自身创新的促进作用更强。

风险投资机构是否为主投方

从图 3－1 可以看出，LP 投资模式中参与主体除了国企和被投资企业外，还有风投基金的管理机构（风投机构）。本部分分析国企参与风险投资对创新产出的影响是否会因风投机构的特征不同而产生差异。为了分散风险、实现资源互补，国内外风投机构间常以联合投资的方式开展业务（Deli 和 Santhanakrishnan，2010）[173]。联合投资中分为主投和跟投两种角色，本书认为国企参与风险投资对创新的影响会因风投机构的角色不同而发生变化。具体如下：

社会网络理论认为，行动者在社会关系中的位置对外部信息和资源获取有重要影响（Hochberg 等，2007）[174]。LP 模式下，风投机构和国企以及被投资企业都存在直接联系，而后两者之间又不存在直接联系，所以风投机构相当于占据了“结构洞（Structural Holes）”位置，可以控制被投资企业和国企之间的信息和知识流动。也就是说，风投机构作为中间纽带在很大程度上决定了国企从被投资企业获取新知识和技术的数量和质量。如果风投机构可以从被投资企业获得较多高质量技术信息，与之相连的国企也就更有希望获得更多高质量的外部创新资源并运用于自身创新活动。

在联合投资中担任主投方的风投机构负责邀请跟投机构（Lerner，1994）[175]，还负责联合投资成员间的协调与沟通（Wright 和 Lockett，2003）[176]。一般而言，主投机构投入最多资金，承担最高风险，因此 Gorman 和 Sahlman（1989）[177]指出主投机构在与被投资企业的互动关系中需要付出最多时间和精力。例如，主投机构需要主导投资前尽职调查，深入详细地评估被投资企业的发展前景。另外，被投资企业的董事会席位数量非常有限，而这通常被主投机构占据。因此，无论投资前还是投资后，主投机构都可以获取更多被投资企业的核心技术信息（Ozmel 等，2019）[166]。相反，跟投机构在整个投资过程中只起辅助作用，投入的时间精力相去甚远。在投资前尽职调查中掌握的信息没有主投机构那么详细，在投资后也无法深入参与企业日常运营和研发活动中，这使其只能掌握较少被投资企业的核心技术信息。更进一步看，国企从跟投机构得到低质量的边缘技术信息后，对其自身创新产出的提升效果肯定无法与从主投机构得到高质量的核心技术信息带来的提升效果相比。

综上分析，本书认为当风投基金的管理机构为主投方时，国企通过

LP 模式参与风险投资可以获得创业企业泄露出来的更高质量、更核心的技术信息，对自身的创新提升更加明显。故提出以下假设：

假设 4：当风投机构为主投方时，国企通过 LP 模式参与风险投资对自身创新的促进作用更强。

国企参与风险投资对被投资企业创新的影响

本部分从理论上分析国有企业作为 LP 参与风险投资对被投资企业创新的总体影响，以及此影响在不同情境下是否会发生改变。

（1）总体影响

上文分析指出存在由被投资企业向国有企业的间接信息流，因而投资创业企业能帮助国企提高创新产出。基于类似逻辑，如果存在由国有企业向被投资企业的间接资源流，那么国企作为 LP 投资就有可能促进被投资企业创新。下文同样从风投机构和被投资企业的资源流动，以及国企和风投机构的资源流动两个方面展开分析。

首先，分析风投机构和被投资企业的资源流动情况。风投机构作为纯财务投资者，其目的是培育创业企业成长，通过上市实现退出并获取投资收益。创新能力是衡量企业成长的一个重要指标，所以风投机构有十足动力帮创业企业提升创新能力。从具体实施看，风投机构会积极参与被投资企业的日常治理，提供商业和技术上的增值服务（Celikyurt 等，2014）[163]，例如协助创业企业制定发展战略，整合战略资源，规范治理结构，设计激励约束机制，引入中介服务机构，提供金融网络资源等（Hellmann 和 Puri，2002；Kaplan 和 Strömberg，2004；Lindsey，2008；Hochberg；2012）[159]~[162]。以上各种各样的增值服务从本质上可以概括为风投机构提供给被投资企业的资源流。这些资源来源于风投机构常年在同一行业中精耕细作，通过历史投资积累的特定行业知识（Dimov 和 De Clercq，2006；Knill，2009）[178],[179]，还可能来源于其嵌入的联合投资网络（Hochberg 等，2007；党兴华等，2011）[174],[180]，也可能来源于 LP 投资者（董建卫等，2019）[181]。总之，风投机构和被投资企业的直接联系以及两者的利益一致性会使风投机构主动将创新资源输送给被投资企业。这也是风险投资能促进企业创新的重要原因之一。

其次，分析国企和风投机构的资源流动情况。相对于不从事研发活动的金融机构和高净值个人，具有产业背景的大型企业作为创新主体，在长年累月的创新活动中会积累相应创新资源。那么，LP 模式下，风投机构能否获取到国企积累的创新资源呢?

第一种观点认为，国企的收益来源于风投机构对创业企业的成功投资（Hochberg 等，2014）[167]，所以国企愿意辅助风投机构一起培育创业企业成长。国企通过占据投委会席位、定期和不定期实地造访，不但可以监督风投机构运作，还可以向风投机构提供自身积累的创新资源，助力其提高增值服务的质量。晨晖资本是国内著名的风投机构，管理的风投基金背后有多家 A 股上市企业做 LP。其创始人认为上市企业作为 LP 是他们成功投资的一大秘密武器，其优势在于：首先，整个上市公司的资源得以贯通，细分行业领军上市公司在各自专业领域、产业链上下游和技术研发的经验，可以更好地帮助风投机构遴选项目。其次，具有产业背景的上市公司不仅是其财务上的支持者，也是其强大的外脑，在投后管理方面能够帮助团队作出专业判断和快速决策。由此可知，风投机构在国企担任 LP 时能够获得其创新资源。

第二种观点认为，国企的投资目标会左右其采用什么样的投资模式。McNally（1997）[29]指出采用LP模式投资主要是为了获取财务收益以及体现社会责任，Keil（2002）[182]采用LP模式是为了了解和熟悉风投行业，以上投资目标导致LP投资模式成为三种典型投资模式中与母公司联系最松散的一种，企业选择LP模式就是选择信任风投机构的专业能力。因此，LP模式下，企业除了提供资金支持和进行监管以外，并没有强烈意愿在其他方面去帮助风投机构。也就是说，即便具有产业背景，国企也不会投入精力去间接帮助被投资企业技术创新，也就不存在由国企流向被风投机构乃至被投资企业的资源流，进而失去了企业作为LP相对于独立风险投资①的优势。

综上所述，第一种观点认为，相对于一般的独立风险投资，国企作为LP会将自身创新资源通过监管和互动的方式传递给风投机构，再由风投机构通过增值服务等方式间接传递给被投资企业，从而能够促进被投资企业创新。第二种观点认为，国企作为LP主要是为了获取财务收益，虽然会进行监管，但在技术创新方面不会给予风投机构太多支持，故不存在“国企→风投机构→被投资企业”的创新资源流。所以，国企作为LP投资和独立风投对被投资企业创新的影响没有差异。故提出以下竞争性假设：

假设5：与独立风险投资相比，国企通过LP模式参与风险投资更能促进被投资企业创新。

假设6：与独立风险投资相比，国企通过LP模式参与风险投资并不能促进被投资企业创新。

---

① 本部分中，独立风险投资是指LP中不包含产业背景企业的基金。

(2) 分类影响

本部分继续深入研究总体影响，一方面明确了不同情境下国企采用LP模式参与风险投资对被投资企业创新的不同影响；另一方面通过分类研究，为总体影响中提出的理论机制——资源间接流动机制提供进一步验证。

国企和被投资企业技术契合程度

风投机构积累的创新资源并不会自动成为被投资企业的有效创新资源，而是在某些适当条件下才会被激活，比如风投机构和被投资企业达到技术上的契合。"契合（Fit）"这一概念在许多管理领域中都有着悠久的使用传统，包括战略理论、组织理论、领导理论、创业理论等。Edwards（1996）[183]研究工作与个人关系时提出，契合是指一个人具备的工作技能或能力满足公司的需求。与之类似，本文的契合是指企业从外部获取的创新资源如何满足企业创新的需求。

在风险投资领域，风投机构和被投资企业的契合非常重要。从理论研究看，Lungeanu 和 Zajac（2016）[184]研究了风投机构和被投资企业之间的契合关系对被投资企业 IPO 上市的影响，他们指出风投机构积累的专业知识和资源如果能和被投资企业的战略形成契合，那么被投资企业成功 IPO 的概率会显著提升。De Clercq 和 Manigart（2007）[185]的研究间接印证了双方契合的重要性，他们发现如果风投机构之前的投资经验与被投资企业的需求不匹配，那么被投资企业会寻求其他专家的帮助，以此来弥补不契合带来的不利影响。从实践角度看，专业化投资是契合重要性的最好例证。专业化投资一般是指风投机构长期投资某一特定的行业、阶段或地理区域。其中，长期集中投资某一特定行业（即行业专业化），可以帮助风投机构积累该行业中投资经验和技术资源，从而在未来投资中为被投资企业提供有效的技术支持，使增值服务更好地满足被投资企业创新的需求。

风投机构和被投资企业契合本质上是风投机构提供的技术资源和被投资企业创新需求的匹配。当国企作为 LP 进行投资时，风投机构可以获取到国企的技术资源（即假设 5 的逻辑），并将这些资源提供给被投资企业。如果双方处于同一行业，技术契合程度较高，资源基础相似，那么这些技术资源就可以得到激活，成为被投资企业可以高效吸收和利用的资源，因而更加有利于被投资企业创新。如果双方技术距离很远，即便被投资企业可以通过风投机构获取到国企的各项技术资源，也很难将其高效利用并转化为自身创新所需资源，所以当国企和被投资企业技术契合程度较低时，国企作为 LP 投资对被投资企业创新的影响较小。Chemmanur 等（2014）[88]和 Wang 等（2019）[186]的研究结果支撑了上述逻辑，他们通过实证检验发现风险投资企业母公司可以利用自身技术专长帮助创业企业评估研发项目并促进这些研发项目发展，所以如果创业企业和风险投资企业母公司的技术契合程度较高，风险投资企业对被投资企业的创新促进作用会更强。

当然，以上逻辑演绎都建立在假设 5 成立的基础之上。如果假设 5 不成立，假设 5 成立，即被投资企业无法间接获取国企的技术资源，那么资源能否被有效利用这一问题也就无从谈起。换言之，无论双方技术契合程度如何，国企作为 LP 投资都无法在推动被投资企业创新方面比独立风险投资展现出更大作用。

综上所述，提出以下竞争性假设：

假设7：当国企和被投资企业技术契合程度较高时，国企通过 LP 模式参与风险投资对被投资企业创新的影响更强。

假设8：国企通过 LP 模式参与风险投资对被投资企业创新的影响并不会因双方技术契合程度高低而发生变化。

风险投资机构是否为主投方

上文分析的国企参与风险投资对自身影响时已经指出，风投机构间常以联合投资的方式开展业务。联合投资中含有主投和跟投两种角色，主投机构的投资金额占最大比重，其承担高风险，获取高回报。主投方还需要对创业企业进行尽职调查，开展投资谈判，确定投资条款、拟定投资协议并参与创业企业的管理工作，行使监督和投后管理职责。而跟投机构只起一定补充作用，投入的资金和精力不多，但也能获得收益。由此可见，主投和被投资企业的互动以及对被投资企业的影响远远强于跟投方。在已有针对联合投资的研究中，学者们也往往更加关注主投机构对被投资企业的影响，例如，Tian 和 Wang（2014）[187]研究风投机构的失败容忍度对被投资企业创新影响时指出，主投机构通常在投后监督以及后续融资中扮演最重要角色，所以即便是企业接受了联合投资，他们也只关注主投机构失败容忍度的作用。Nahata（2008）[188]研究风投机构声誉对被投资企业上市影响时指出，外部行动者一般最关注联合投资辛迪加中主投机构的声誉，而跟投机构的声誉相对没有那么重要，所以他只检验了主投机构声誉产生的影响。

如果假设 5 成立，那么借助风投机构的桥梁作用，国企的技术创新资源可以通过增值服务等形式传递给被投资企业，又由于主投机构是增值服务最重要的提供者，所以当国企作为 LP 参股了主投机构时，归属于国企的资源就能通过更加深入且频繁的双元互动传递给被投资企业，发挥更大价值。反之，如果参股对象为跟投机构，那么风投机构从国企获得的高质量技术资源就无法充分流入被投资企业，进而无法发挥全部作用。所以，相比于跟投机构，国企作为 LP 参股主投机构对被投资企业创新的提升作用更大。

同样地，以上逻辑演绎都建立在假设 5 成立的基础上。如果假设 5 不成立，假设 6 成立，即国企和风投机构虽存在联结，但技术创新资源不会由国企流向风投机构，那么无论国企作为 LP 参股的风投机构在联合投资辛迪加中担任何种角色，都无法比独立风险投资提供更多创新资源，从而无法改变对被投资企业创新的影响。

综上所述，提出以下竞争性假设：

假设 9：当风投机构为主投方时，国企通过 LP 模式参与风险投资对被投资企业创新的影响更强。

假设 10：国企通过 LP 模式参与风险投资对被投资企业创新的影响并不会因风投机构是否为主投方而变化。

国有企业以 LP 模式参与风险投资的研究设计

针对上一节提出的研究假设，本节介绍检验这些假设使用的数据、变量和模型。首先确定假设检验的基本思路，然后对样本数据的来源以及搜集整理过程进行详细说明，接着论述实证检验所用变量的测度方法，最后简要介绍检验所用计量经济学模型。

国有企业以 LP 模式参与风险投资的基本思路

(1) 国企通过 LP 模式参与风险投资对自身创新影响的检验思路

首先，相对简便和直观的思路：比较国有企业参与风险投资前后创新的变化，或者比较参与风险投资的国有企业和未参与风险投资的国有企业在创新方面的差异，即把自变量处理成虚拟变量，采用截面数据进行检验。然而，国有企业只投资一家创业企业获取到的技术信息和同时投资多家创业企业获取到的技术信息显然存在巨大差距，这一思路无法衡量出国有企业对风险投资的参与程度。鉴于这一原因，本书采用第二种思路：首先，用国有企业每年通过 LP 模式间接投资的创业企业数量来测度自变量；其次，用面板数据进行估计（提高估计效率，降低共线性）。鉴于非上市国有企业的数据获取难度很大，本书使用 A 股上市国有企业构建面板数据。第二种研究思路在国内外研究中广泛使用，最具代表性的是 Wadhwa 和 Kotha（2006）[4]发表于管理学顶级期刊 Academy of Management Journal 的论文。

需要说明的是，国有企业每年以 LP 模式的投资金额也可用来度量风险投资参与程度，精确度甚至可能更高。然而，虽然上市企业每年对风险投资基金的投资金额可以通过数据库和年报等公开信息查询，但这并不是国企实际投资到创业企业中的金额，因为风投基金还要向多个创业企业进行投资，从而构建自己的投资组合。由于基金向创业企业的投资金额属于非强制披露信息，所以此数据缺失严重。而国有企业投资企业的数量这一数据可信度较高，原因在于：一方面，对于上市企业而言，对外投资的信息有完整披露；另一方面，对于创业企业而言，接受风险投资对其品质提升具有认证效应（certification effect），在市场信息高度不对称情境下，可以为被投资企业发展提供一定背书（Lee 和 Wahal，2004）[189]，所以被投资企业比较乐意公开这一信息。在两方面原因共同作用下，可以对国企通过 LP 模式投资的企业数量进行交叉检验，提高数据可信度。

（2）国企通过 LP 模式参与风险投资对被投资企业创新影响的检验思路

第一种思路：比较创业企业在接受国有企业作为 LP 投资前（处理前）和接受国有企业作为 LP 投资后（处理后）在创新方面的差异。第二种思路：比较接受国有企业作为 LP 投资的创业企业（处理组）和未接受国有企业作为 LP 投资的创业企业（对照组）在创新方面的差异。第三种思路：结合前两种思路的优势，借鉴双重差分的思想，在处理组和对照组差异的基础上再次比较处理前和处理后的差异（两次差分）。需要说明的是，由于绝大部分创业企业无法搜集到多期面板数据，因此无法严格做到双重差分要求的平行趋势检验，故不能严格称为双重差分模型。第三种检验思路能够准确地反映 LP 模式下，国有企业参与风险投资对被投资企业创新的“净影响”，故将其定为本书检验基本思路。这一检验思路在企业风险投资领域得到了广泛使用，代表性的研究例如 Chemmanur 等（2014）[88]发表在金融学顶级期刊 The Review of Financial Studies 的论文。

还需要说明的是，在第三种思路中，如何确定对照组是一个非常有讲究的问题。首先，研究国有企业风险投资对创业企业的影响时，常用的比较对象包括未接受风险投资的创业企业和接受独立风险投资的创业企业两类。由于风险投资本身对企业创新具有资本补充、认证、监管等作用

(Lee 和 Wahal, 2004; Lutz 和 George, 2012; Bernstein 等, 2016)[189]~[191]，如果比较对象定为第一类创业企业，就无法排除风险投资本身的影响。结合上文理论分析可以看出，本部分最关心的是被投资企业接受国有企业风险投资和独立风险投资之间的差异，所以将比较对象设定为接受独立风险投资的创业企业更加合理。其次，为了提高处理组和对照组的可比性，让对照组尽可能模拟“反事实（counter - factual）”的状态，本部分增加了一些匹配条件（见下文）来进一步筛选对照组。

国有企业以 LP 模式参与风险投资的数据与样本

(1) 国企通过 LP 模式参与风险投资对自身创新影响的研究数据来源与样本选择

数据来源如下：上市企业（CVC 母公司）的相关数据来源于 CSMAR 数据库和企业年报；专利数据来源于国家知识产权局专利信息服务平台；风险投资及创业企业的相关数据来源于清科集团旗下的私募通数据库（PEdata）。CSMAR 数据库、企业年报、专利信息服务平台均是常用的数据获取途径，得到了已有研究的广泛认可，此处不再进行详细介绍。从风险投资和私募股权的数据服务看，最被接受的数据来源有 VentureXpert，CrunchBase（www. crunchbase. com）等，国际顶级期刊发表的风险投资论文几乎都从这几个数据库采集数据。但是，这几个数据库也存在一个明显缺点，即较多关注欧美市场，对中国风险投资市场的覆盖面不全。以私募通数据库（PEdata）为代表的国内私募股权数据库在这方面表现得更加优异，故而得到了国内风险投资理论研究和实务工作者的青睐，目前已成为国内风险投资研究最常用的数据库之一。此外，CVSource 也是常用的国内数据库之一，笔者曾试图把两个数据库的数据进行融合，但是这两个大型数据库在分类标准、统计口径等方面均存在较大差异，使这一项工作的实现几乎成为不可能。

结合数据可得性，本书选取 2009—2016 年上市国有企业的面板数据作为研究样本（注：实际观测截止时间为 2019 年 12 月 31 日，具体解释参见下文的“因变量”部分）。数据搜集和筛选的过程如下：第一步，在私募通数据库选择“有限合伙人”，并选取“LP 类型”为“上市公司”的企业作为原始样本。第二步，通过 CSMAR 数据库披露的股权性质，剔除原始样本中的非国有企业。除此以外，还剔除了三类企业：第一类为境外和新三板上市的企业；第二类为金融行业和房地产行业上市企业；第三类为在观察期内股权性质发生变化的企业。第三步，在私募通数据库中找到样本上市企业参股的风投基金及其管理机构。第四步，通过私募通披露的基金详细信息，找到这些基金投资的创业企业。这里需要说明的是：有些基金被数据库划分为风投基金，但投资了处于新三板定增轮次和上市定增轮次的企业，这些企业严格意义上不属于创业企业，故将这部分创业企业也做剔除处理。经过上述几个步骤后，可以明确 LP（国企）、风投基金、风投机构和被投资企业之间的对应关系。最终，本书搜集到 130 家国企作为样本，剔除数据缺失后，得到一组由 948 个有效观测值组成的非平衡面板数据。

（2）国企通过 LP 模式参与风险投资对被投资企业创新影响的研究数据来源与样本选择

数据来源同上，此处不再重复介绍。样本筛选过程需要先完成上文前四个步骤，接着进行第五步：对于接受了两轮及以上企业风险投资的创业企业，只保留第一轮作为样本，不重复计入（例如：A 企业在 2009 年接受了一轮风险投资，2012 年又接受了一次风险投资，两轮风险基金的 LP 中都有国有企业，那么，本书只对 2009 年那一轮融资进行观测）。经此步骤，总共得到 453 个处理组样本。第六步，按照一定匹配原则，为处理组选取对照组。参考以往研究（董建卫等，2018a）[138]，选取以下匹配条件：

条件 1：与处理组企业在同一季度内接受过风险投资，且风险投资中没有企业（国有企业和民营企业均包括在内）以任何投资模式参与；

条件 2：与处理组企业处于同一行业；

条件 3：与处理组企业处于同一发展阶段；

条件 4：与处理组企业处于同一省份。

前三个为必须满足的条件，第四个为非必须条件。也就是说无法匹配到满足前三个条件的对照组的处理组样本将被删除。能匹配到满足前三个条件，但不能匹配到满足第四个条件的对照组的处理组样本会被保留。

根据以上条件遴选得到处理组样本 436 个，对照组样本 940 个。两组样本具有接近的融资时间（在同一季度内意味着面临的宏观经济环境类似），相同的行业和发展阶段，还有可能处于同一省份，所以可比性较强，增强了因果关系识别的可靠性。

国有企业以 LP 模式参与风险投资的变量

（1）因变量

国有企业创新

企业创新的范围很广，可以从多个角度分类与衡量，比如创新投入和创新产出，比如技术创新和商业模式创新，又如突破性创新和渐进性创新等。本书聚焦于技术创新方面的创新产出。目前，创新产出的主流测度指标有专利申请数、专利授权数、新产品销售收入。虽然专利申请数量和授权数量被有些论文诟病存在测量不精确的问题，但依旧是国内外研究中使用最为广泛的指标。就这两个指标比较而言，专利申请时间比专利授权时间要早一些，更能精确反映知识创造和创新的时点。因此，本书参考 Wadhwa 等（2016）[65]的研究，选取国企当年（t 年）专利申请总数作为创新产出的测度指标。另外，专利可分为发明、实用新型、外观设计三类，其中发明包含的创新质量最高，故本书还单独提取发明申请数作为测度指标。

需要特别说明的是：第一，部分专利申请不能得到最终授权，无法确认为有效的创新产出，所以本书将国企在第 t 年申请但最终没有得到授权的专利进行了剔除。也就是说，虽然将因变量简要称为专利申请总数和发明申请数，但实际上是指国企在第 t 年申请且最终得到授权的专利总数和发明数。第二，专利从申请到得到授权需要经历一定的周期，尤其发明从申请到得到授权需要的时间更长，通常为两三年时间，所以为了精准衡量专利是否最终得到授权还需要两三年时间进行观测。本书选取滞后 3 年的数据来观测专利是否得到授权。也就是说，本书面板数据构建截止时间为 2016 年年底，但是实际观测截止时间为 2019 年年底。

被投资企业创新

较之国有上市企业，被投资企业均为未上市中小企业，在数据披露上缺乏强制性要求。因此，采集其他创新类数据就更加困难，专利申请和授权几乎是唯一可以通过公开渠道查询到且质量较高的创新数据。同时，为了保持与国企创新测度指标的统一性，本书同样使用专利申请总数和发明申请数进行度量。具体来说，假设被投资企业接受风险投资的时间为 z 年，本章统计 $z-3$ 年到 z 年以及 z 年到 $z+3$ 年这两个时间段内，被投资企业年平均专利申请总数和年平均发明申请数分别作为处理前和处理后被投资企业创新的测度指标。

需要说明的是，部分创业企业在接受风险投资时成立还未满 3 年，无法计算完整 3 年的年平均数量。为了保留样本，本部分以这类被投资企业从成立到第 z 年的年平均专利申请总数和发明申请数作为因变量。如果企业成立时间未满一年，就直接将处理组连同对照组一起剔除。

(2) 自变量

国企以 LP 模式投资的创业企业数量

选取国企在 $t-4$ 年到 $t-1$ 年内以 LP 模式投资的创业企业数量来衡量国企风险投资参与情况。之所以选取 $t-4$ 年到 $t-1$ 年这 4 年，是因为风险投资和被投资企业的投融资关系建立以后可以持续一段时间，这段时间内信息和资源流动一直存在。本书统一假定风投机构和企业之间的投资关系可以维持 4 年。进行这一假定的原因和依据有两点：第一，风投机构从创业企业退出（即投资关系彻底解除）一般有 IPO、M&A 和清算三种方式，其中 IPO 和 M&A 是相对成功的退出方式，风投机构对此类信息披露较为完整，而清算是失败的退出方式，风投机构为了保护自身声誉，并不会进行太多披露。在实践中，清算退出与 IPO 和 M&A 退出的比例约为 9∶1，但私募通、CVSource、VentureXpert、Crunchbase 等国内外知名数据库对清算的披露却远少于对 IPO 和 M&A

的披露。因此，绝大多数情况下很难确认投融资关系是否已经解除。第二，很多研究认为风投机构和被投资企业的互动关系可以持续 4 年左右。例如，Wadhwa 等（2016）[65]针对 353 个企业的调查发现，风投机构从开始投资到退出企业的时间大约在 4 年，Stuart（2000）[192]、Ahuja 和 Katila（2001）[193]等的研究成果同样指出，组织间关系对企业的影响一般可以持续 3—5 年，Wassmer（2010）[194]对企业风险投资的研究也采用了 4 年作为投资关系观测窗口。

国企以 LP 模式投资的创业企业

LP 模式下，接受国有企业风险投资的创业企业是指企业得到了风险投资基金支持，并且该基金的 LP 中有国有企业出资，即处理组样本，变量赋值为 1。对照组样本为得到风险投资基金支持，但基金的 LP 中没有具有产业背景的企业，同时也不是国有企业直投模式投资的创业企业，变量赋值为 0。

时间

本书在比较处理组和对照组差异的基础上，还比较了处理前后的差异，所以又设置了时间这个变量。创业企业接受风险投资前变量取值为 0，接受风险投资后变量取值为 1。

国企所在行业竞争程度

目前，尚未有一个衡量行业竞争程度的公认指标，行业中所有企业主营业务收入的赫芬达尔 - 赫希曼指数（Herfindahl - Hirschman Index，HHI）、行业中所有企业主营业务收入的标准差以及行业中企业的数目都是常见指标，其中又以行业中所有企业主营业务收入的 HHI 使用最为广泛。本书也采用这一指标（在正文未展示的内容中，作者用其他两个指标进行度量并检验，结果没有实质差异）。行业竞争程度的具体计算过程如下：首先，借鉴陈志斌和王诗雨（2015）[195]的研究，按照制造业取两位行业代码，其他行业取一位行业代码的原则对行业进行分类。其次，计算每个行业的 *HHI*，具体计算公式为：

$$HHI = \sum_{i=1}^{N} \left(\frac{X_i}{X}\right)^2$$

其中，i 为企业编号，N 为行业中企业的总数，X_i 为企业 i 当年的主营业务收入，X 为行业中所有企业当年主营业务收入的总额。最后，对所有行业的 HHI 进行排序，小于中位数的定义为高竞争程度行业，变量取值为 1，大于或等于中位数的定义为低竞争行业，变量取值为 0。

被投资企业所处地区市场化程度

目前，主要采用王小鲁等（2019）[196]编制的中国市场化指数对各个省份的市场化程度进行测度。这一指数综合了 5 个方面的评分：政府与市场的关系、非国有经济的发展、产品市场的发育程度、要素市场的发育程度、市场中介组织的发育和法律制度环境。由于国企一年内可能同时投资多个创业企业，本书对这一数据进行以下处理：第一，找到国企 i 在 t 年投资的所有创业企业。第二，计算这些创业企业所在地区市场化指数的平均值。第三，重复步骤一和步骤二，得到每个国企每年的平均值。第四，对所有的平均值进行排序，大于或等于中位数的定义为高市场化程度，变量取值为 1；小于中位数的定义为低市场化程度，变量取值为 0。

风投机构是否为主投方

联合投资有狭义和广义之分：狭义的是指两个（含）以上的投资机构共同投资于某一企业的某一特定轮次；广义的是指两个（含）以

上的投资机构共同投资于某一特定企业。本书采用广义联合投资的概念。主投机构认定条件如下：第一要参与首轮投资，第二要累计投资金额最多。这种确定方法比仅依据累计投资金额确定主投机构更加准确，因为随着被投资企业的发展，后面轮次的估值会比前面轮次高很多（Nahata，2008）[188]①。在研究对被投资企业创新的影响时，当国企担任 LP 的基金的管理机构为主投方时，则变量取值为 1；当国企担任 LP 的基金的管理机构为跟投方时，则变量取值为 0。在研究对国企自身创新的影响时，由于国企一年内可能同时参股多个风投基金，投资多个创业企业，所以还需对这一数据进行如下处理：第一，找到国企 i 在 t 年参股的所有风投机构。第二，计算这些风投机构中主投方的投资比例值。第三，重复步骤一和步骤二，得到每个国企每年一个比例值。第四，对所有的比例值进行排序，大于或等于中位数的定义为主投方，变量取值为 1；小于中位数的定义为跟投方，变量取值为 0。

国有企业和被投资企业技术契合程度

同行业内的企业在技术层面相对类似，所以已有文献多采用 CVC 母公司和被投资企业是否处于同一行业来判断双方技术契合程度（Chemmanur 等，2014）[88]。如果双方处于同一行业，则技术契合程度较高，变量取值为 1；如果双方不处于同一行业，则技术契合程度较低，变量取值为 0。

（3）控制变量

参考上市企业创新的研究成果，结合数据可得性，本章从 CSMAR

---

① 如果创业企业只得到一家风投机构单独投资，则也将这家风投机构定义为主投。

数据库整理了第一组变量用以控制其他因素对国有企业创新的影响。

①企业价值。企业价值常使用托宾 Q 值进行度量（Cremers 等，2017；Titus 和 Anderson，2018）[60],[197]，CSMAR 提供了四种计算托宾 Q 值的方法，本书采用第二种进行计算，具体公式为：

市值/（资产总计 - 无形资产净额 - 商誉净额）

②企业规模。测量企业规模有较多指标，包括采用销售额、员工数量、总资产、净资产、子公司数量等（陆旸，2015；Dang 等，2018）[198],[199]。本书采用企业员工的数量进行度量，计量单位为千人。

③企业年龄。企业年龄是指企业从成立到观测时点 t 经历的时间长短，以年为计量单位。

④企业盈利能力。借鉴已有研究成果（侯晓红等，2008）[200]，本书采用资产收益率（ROA）来衡量企业的盈利能力，计算方法为：净利润/总资产平均余额，其中：

总资产平均余额 = 资产合计期末余额 + 资产合计期初余额）/2

⑤企业股权集中度。CSMAR 数据库提供了多种计算股权集中度的指标，包括前几位大股东的持股比例、第一大股东与第二大股东持股比例的比值（Z 指数）、公司第二大股东至第十大股东持股比例之和（S 指数）、前几位大股东持股比例的平方和（H 指数）。本书选取前十大股东持股比例的平方和（H10 指数）进行度量。

参考风险投资对被投资企业创新的研究成果，结合数据可得性，本书通过私募通数据库搜集了第二组变量用以控制其他因素对被投资企业创新的影响①：

---

① 为了尽可能保留样本，本书将控制变量的观测时点统一定在观测期的起点。

①风投机构声誉。成功推动被投资企业 IPO 可以帮助风投机构变现他们的投资并获得正现金流，媒体对 IPO 事件的报道可以提高风投机构的合法性，使它们能够与更优质的合作伙伴进行联合投资或者筛选到更有前景的创业企业（Deephouse，2000；Dacin 等，2007）[201],[202]，所以以往研究常使用 IPO 数量来衡量风投机构的声誉（Dimov 和 Milanov，2010；Park 和 Steensma，2012；Gu 和 Lu，2014）[79],[203],[204]。本章借鉴他们的做法，也采用截至特定时间风投机构投资企业中成功 IPO 的数量（简称累计 IPO 数目）进行度量。

②风投机构投资经验。许多研究表明，风投机构的投资经验会对被投资企业产生影响。然而，度量投资经验的方法并不尽相同，主要有以下四种：投资机构的年龄、累计投资轮次、累计投资金额、累计投资企业数。Sorensen（2007）[205]指出最佳指标是累计投资轮次，原因在于，使用投资机构的年龄来度量投资经验不能把活跃投资者与非活跃投资者区分开来；使用累计投资金额和累计投资企业数度量投资经验不能把投资阶段的不同区分开来。本书借鉴其做法，也使用累计投资轮次来度量投资经验，即截止特定时间风投机构总共向创业企业投资的轮次数目。

③风投机构网络地位。董建卫等（2019）[181]研究发现，相对于低网络地位的风投机构，高网络地位的风投机构可以为被投资企业带来更多资源，因而有助于企业创新。根据社会网络理论，风险机构网络地位可以通过程度中心性（degree centrality）、中介中心性（betweeness centrality）、特征向量中心性（eigenvector centrality）等指标衡量。特征向量中心性不但可以体现网络联结的数量，还能体现网络联结的质量，最为相关研究所追捧（Shipilov 和 Li，2008；Ter Wal 等，2016）[206],[207]。

本书采用过去 3 年风投机构之间的联合投资事件构建网络，然后计算特征向量中心性作为网络地位的测度指标。具体计算公式为：

$$E_i = \lambda \sum r_{ij} E_j$$

其中，E_i和E_j分别表示风投机构 i 和 j 的特征向量中心性；λ 表示邻接矩阵主特征值的倒数；r_{ij}表示邻接矩阵中的元素，如果风投机构 i 和 j 存在联结取值为 1，不存在则取值为 0。该指标受网络规模的影响，所以使用该指标除以网络中最大可能的特征向量中心性，得到相对特征向量中心性。特征向量中心性的值越大，表明网络地位越高。

④被投资企业年龄。被投资企业的年龄定义为从企业注册成立到获得风险投资的时长，四舍五入以年为单位取整计算。

⑤被投资企业所处发展阶段。私募通数据中将创业企业所属发展阶段划分为四类：种子期、初创期、扩张期和成熟期。本书在其基础上，将种子期和初创期企业定义为早期项目，变量取值为 1；将扩张期和成熟期企业定义为中后期项目，变量取值为 0。

⑥高科技行业企业。现有研究对高科技行业的定义并不统一，出现了较多认定方式。本书对高科技行业的界定标准参考国家统计局发布的两个权威文件：《高技术产业（制造业）分类（2013）》和《高技术产业（服务业）分类（2013）（试行）》。如果被投资企业所处行业包含在这两个文件之内，则为高科技行业企业，变量取值为 1；如果不包含在这两个文件之内，则为非高科技行业企业，变量取值为 0。

国有企业以 LP 模式参与风险投资的模型

专利申请总数和发明申请数均是典型的计数变量。针对这一类被解释变量，常用的回归模型有两种：泊松回归和负二项回归。其中，泊松回归要求被解释变量的期望和方差相同，实践中数据很难达到这一条件，而负二项回归模型对此不作要求，适用性更强。因此，本章选择负二项回归模型进行实证检验。

研究国企以 LP 模式进行风险投资对自身专利申请总数的影响时，采用了基于面板数据的负二项回归模型，具体形式如下：

$$P(SOEpatent_{i,t} = k \mid u_{i,t}, \delta) = \frac{\Gamma(\delta + k)}{\Gamma(\delta)\Gamma(k+1)} \left(\frac{\delta}{\delta + u_{i,t}}\right)^{\delta} \left(\frac{u_{i,t}}{u_{i,t} + \delta}\right)^{k}$$

$$k = 1,2,3\cdots$$

$$\mu_{i,t} = \beta_0 + \beta_1 ENamount_{i,t} + \beta_2 Tobin\ Q_{i,t} + \beta_3 Size_{i,t} + \beta_4 SOEage_{i,t} + \beta_5 ROA_{i,t} + \beta_6 Concentration_{i,t} + \varepsilon_{i,t} \quad (3.1)$$

上述公式（3.1）中，$SOEpatent_{i,t}$代表国企 i 在 t 年的专利申请总数，$ENamout_{i,t}$代表国企 i 在 t 年以 LP 模式投资的创业企业数量，$TobinQ_{i,t}$代表国企 i 在 t 年的企业价值，$Size_{i,t}$代表国企 i 在 t 年的企业规模，$SOEage_{i,t}$代表国企 i 在 t 年的年龄，$ROA_{i,t}$代表国企 i 在 t 年的盈利能力，$Concentration_{i,t}$代表国企 i 在 t 年的股权集中度，β_0 至 β_6 为待估系数，$\varepsilon_{i,t}$ 代表随机误差项。

研究国企以 LP 模式进行风险投资对自身发明申请数的影响时，具体模型形式如下：

$$P(SOEinvention_{i,t} = k \mid u_{i,t}, \delta) = \frac{\Gamma(\delta + k)}{\Gamma(\delta)\Gamma(k+1)} \left(\frac{\delta}{\delta + u_{i,t}}\right)^{\delta} \left(\frac{u_{i,t}}{u_{i,t} + \delta}\right)^{k}$$

$$k = 1,\ 2,\ 3\cdots$$

$$\mu_{i,t} = \beta_0 + \beta_1 ENamount_{i,t} + \beta_2 Tobin\ Q_{i,t} + \beta_3 Size_{i,t} + \beta_4 ENage_{i,t} + \beta_5 ROA_{i,t} + \beta_6 Concentration_{i,t} + \varepsilon_{i,t} \quad (3.2)$$

上述公式（3.2）中，$SOEinvention_{i,t}$代表国企 i 在 t 年的发明申请数，其余同公式（3.1）。

检验国有企业以 LP 模式进行风险投资对被投资企业专利申请总数的影响时，采用了普通的负二项回归模型，具体形式如下：

$$P(ENpatent_j = k \mid u_j, \delta) = \frac{\Gamma(\delta + k)}{\Gamma(\delta)\Gamma(k+1)} \left(\frac{\delta}{\delta + u_j}\right)^{\delta} \left(\frac{u_j}{u_j + \delta}\right)^{k}$$

$$k = 1, 2, 3 \cdots$$

$$u_j = \beta_0 + \beta_1 SCVC_j + \beta_2 Time_j + \beta_3 SCVC_j \times Time_j + \beta_4 Reputation_j + \beta_5 Experience_j + \beta_6 Status_j + \beta_7 ENage_j + \beta_8 Stage_j + \beta_9 Hightech_j + \varepsilon_j \quad (3.3)$$

上述公式（3.3）中，$ENpatent_j$代表被投资企业 j 的专利申请总数，$SCVC_j$代表被投资企业 j 是否获得国有企业的 LP 模式投资，$Time_j$代表被投资企业 j 接受风险投资的时间，$SCVC_j \times Times_j$是核心变量，其系数和显著性代表了国企以 LP 模式投资对被投资企业专利申请总数的净影响，$Reputation_j$代表风投机构的声誉，$Experience_j$代表风投机构的投资经验，$Status_j$代表风投机构的网络地位，$Stage_j$代表被投资企业 j 所处的发展阶段，$ENage_j$代表被投资企业 j 的年龄，$Hightech_j$代表被投资企业 j 是否处于高科技行业，β_0 至 β_9 为待估系数，ε_j代表随机误差项。

检验国有企业以 LP 模式进行风险投资对被投资企业发明申请数的影响时，模型具体形式如下：

$$P(ENinvention = k \mid u, \delta) = \frac{\Gamma(\delta + k)}{\Gamma(\delta)\Gamma(k+1)} \left(\frac{\delta}{\delta + u}\right)^{\delta} \left(\frac{u}{u + \delta}\right)^{k}$$

$$k = 1, 2, 3 \cdots$$

$$u_j = \beta_0 + \beta_1 SCVC_j + \beta_2 Time_j + \beta_3 SCVC_j \times Time_j + \beta_4 Reputation_j +$$

$$\beta_5 Experience_j + \beta_6 Status_j + \beta_7 ENage_j + \beta_8 Stage_j + \beta_9 Hightech_j + \varepsilon_j \quad (3.4)$$

上述公式（3.4）中，$ENpatent_j$代表被投资企业 j 的发明申请数，其余同公式（3.3）。

需要说明的是，本章分两步展开对分类影响的检验。首先按照分类变量对样本进行拆分，其次针对拆分后的样本，逐个进行回归分析，这样检验得到的结果可以明确不同情境下创新效应是否都存在。如果不同情境下，创新效应都不存在或者只有一种情境下存在，则无须再对不同情境下的创新效应进行比较。如果两种情境下创新效应都存在，那么继续在全部样本中加入分类变量和自变量的乘积项，借此来比较两种情境下创新效应的大小。

模式的描述性统计与相关性

（1）描述性统计

为防止异常值对研究结论的影响，本部分对所有连续变量做 1% 缩尾处理。

表 3-1 展示了用于检验国企以 LP 模式参与风投对自身创新影响的变量描述性统计结果。被解释变量——国企专利申请总数的均值为 17.041，意味样本国有企业每年专利申请且最终得到授权的数量为 17.041 个。发明申请数的均值为 7.212，意味着国有企业每年发明申请且最终得到授权的数量为 7.212 个。发明申请约占专利申请的 42.3%，这是一个相当高的比例。造成高比例的原因之一，笔者推测可能是因为本书选取的都是参与风险投资的国企，而能够参与风险投资的企业可能

本身创新能力就比较高。专利申请总数的标准差为46.566，发明申请数的标准差为19.351，两者均约等于其均值的三倍，这说明了被解释变量的标准差远大于均值，意味着泊松回归的前提无法满足，也进一步印证了采用负二项回归模型的合理性。国有企业平均每年以LP模式投资的创业企业数量为2.211个。分类变量和控制变量见表3-1，此处不再赘述。

表3-1　描述性统计（国企通过LP模式参与风投对自身创新影响使用的变量）

变量	英文简称	观测值	均值	标准差	最小值	最大值
A 被解释变量：						
国企专利申请总数	*SOEpatent*	948	17.041	46.566	0.000	290.000
国企发明申请数	*SOEinvention*	948	7.212	19.351	0.000	126.000
B 解释变量：						
国企以LP模式投资的创业企业数量	*ENamount*	948	2.211	4.030	0.000	18.000
C 控制变量：						
企业价值	*TobinQ*	948	1.772	1.732	0.199	13.417
企业规模	*Size*	948	5.945	9.230	0.065	45.819
国企年龄	*SOEage*	948	17.324	4.703	4.000	29.000
盈利能力	*ROA*	948	0.040	0.049	-0.101	0.252
股权集中度	*Concentration*	948	0.186	0.128	0.013	0.513
D 分类变量：						
行业竞争程度	*Competition*	948	0.500	0.500	0.000	1.000
市场化程度	*Marketization*	824	0.500	0.500	0.000	1.000
主投	*Lead*	430	0.500	0.500	0.000	1.000

表 3 - 2 展示了用于检验国企以 LP 模式参与风投对被投资企业创新影响的变量描述性统计结果。被解释变量——被投资企业专利申请总数的均值为 8. 542，意味样本被投资企业每年专利申请的数量为 8. 542 个。发明申请数的均值为 2. 339，意味着被投资企业每年发明申请的数量为 2. 339 个。相比于表 3 - 1 国有企业的创新数据，被投资企业专利申请总数和发明申请数量都较少，其原因可能在于被投资企业成立时间较短，企业规模较小。从标准差看，两者都远大于均值，同样为采用负二项回归模型提供了支持。以 LP 模式投资的国企创业企业占样本的 31. 7%，数量为 436 家，独立风险投资支持的创业企业占比 68. 3%，数量为 940 家，共计 1376 个样本（每个样本有处理前和处理后两期观测值）。从国企和被投资企业技术契合程度看，有 92 组属于同一行业（21. 1%），344 组不属于同一行业（78. 9%）。国企作为 LP 参股基金以主投方角色投资了 164 家企业，占比 37. 6%，另外 272 家企业以跟投方式进行，占比 62. 4%。其他控制变量见下表，此处不再赘述。

表 3 - 2　　描述性统计（国企通过 LP 模式参与风投对被投资企业创新影响使用的变量）

变量	英文简称	观测值	均值	标准差	最小值	最大值
A 被解释变量：						
被投资企业专利申请总数	*ENpatent*	2752	8. 542	20. 487	0. 000	269. 000
被投资企业发明申请数	*ENinvention*	2752	2. 339	5. 727	0. 000	89. 000
B 解释变量：						
国企以 LP 模式投资的创业企业	*SCVC*	2752	0. 317	0. 465	0. 000	1. 000
时间	*Time*	2752	0. 500	0. 500	0. 000	1. 000

续表

变量	英文简称	观测值	均值	标准差	最小值	最大值
交叉乘积项	*SCVC × Time*	2752	0. 158	0. 365	0. 000	1. 000
C 控制变量:						
风投机构声誉	*Reputation*	2752	3. 452	6. 420	0. 000	83. 000
风投机构投资经验	*Experience*	2752	34. 992	57. 464	0. 000	457. 000
风投机构网络地位	*Status*	2752	1. 974	5. 373	0. 000	51. 038
被投资企业年龄	*ENage*	2752	6. 883	5. 986	0. 000	35. 000
被投资企业发展阶段	*Stage*	2752	0. 286	0. 452	0. 000	1. 000
高科技行业	*Hightech*	2752	0. 352	0. 478	0. 000	1. 000
D 分类变量:						
技术契合	*Fit*	872	0. 211	0. 408	0. 000	1. 000
主投	*Lead*	872	0. 376	0. 484	0. 000	1. 000

（2）变量相关性

表 3 – 3 和表 3 – 4 给出了 LP 投资模式下，实证检验所用变量的 Pearson 相关矩阵。由于表格过大，页面无法容纳，所以采用简写字母来代替原有变量。从表 3 – 3 和表 3 – 4 中可以看到，自变量和控制变量之间相关系数均在 0. 7 以下，初步说明变量之间不存在严重共线性问题。本书还对变量之间的多重共线性问题进行了更加严格的检验，检验结果发现没有变量的方差膨胀因子（VIF）超过 10，这说明选取的变量不存在严重的多重共线性问题。需要说明的是，采用 VIF 是否大于 10 来判断变量之间是否存在严重多重共线性是 Hair 于 1995 年提出的，且得到了后来研究的普遍认可，是目前使用最为广泛的判断是标准。

表 3 – 3 中，核心变量，即国企以 LP 模式投资的创业企业数量（*ENamount*）和因变量国企专利申请总数（*SOEpatent*）、国企发明申请

表 3-3 Pearson 相关矩阵（国企通过 LP 模式参与风投对自身创新影响使用的变量）

变量	1	2	3	4	5	6	7	8	9	10	11
1. *SOEpatent*	1										
2. *SOEinvention*	0.700***	1									
3. *ENamount*	0.170***	0.080**	1								
4. *TobinQ*	-0.023	0.013	0.067**	1							
5. *Size*	0.383***	0.353***	0.014	0.287***	1						
6. *SOEage*	0.020	-0.006	0.050	-0.090***	-0.021	1					
7. *ROA*	0.101***	0.108***	0.081**	0.398***	0.065**	-0.102***	1				
8. *Concentration*	-0.032	-0.057*	0.012	-0.066**	0.108***	-0.240***	0.106***	1			
9. *Competition*	0.158***	0.052	0.233***	0.080**	-0.028	0.069**	-0.004	-0.005	1		
10. *Marketization*	0.179***	0.010	-0.121***	0.021	0.062*	0.129**	-0.009	0.165***	0.027	1	
11. *Lead*	-0.042	-0.038	0.193***	-0.034	0.139***	0.009	-0.028	0.022	0.196***	0.006	1

注：***、**、*分别表示在1%、5%、10%的显著性水平上显著；表中数据四舍五入保留三位小数。

表 3-4　　Pearson 相关矩阵（国企通过 LP 模式参与风投对被投资企业创新影响使用的变量）

变量	1	2	3	4	5	6	7	8	9	10	11	12
1. *ENpatent*	1											
2. *ENinvention*	0.563***	1										
3. *SCVC*	0.058***	0.047**	1									
4. *Time*	0.349***	0.373***	0.000	1								
5. *Reputation*	0.231***	0.165***	0.382***	0.554***	1							
6. *Experience*	0.179***	0.201***	0.064***	0.487***	0.315***	1						
7. *Status*	0.146***	0.163***	0.045**	0.543***	0.326***	0.459***	1					
8. *ENage*	0.147***	0.175***	0.081***	0.338***	-0.113***	-0.032*	-0.033**	1				
9. *Stage*	-0.048**	-0.047**	-0.057***	-0.211***	0.134***	-0.019	0.008	-0.314***	1			
10. *Hightech*	0.011	0.089***	0.102***	0.038**	0.014	0.033*	0.027	0.111***	0.099***	1		
11. *Fit*	0.028	0.029	0.128***	-0.119***	0.134***	0.125***	0.022	0.008	0.009	-0.321***	1	
12. *Lead*	0.222***	0.145***	0.176***	-0.004	-0.013	-0.138***	0.011	0.012	-0.023	0.009	-0.126***	1

注：***、**、*分别表示在 1%、5%、10% 的显著性水平上显著；表中数据四舍五入保留三位小数。

总数（*SOEinvention*）均呈显著正相关关系，相关系数分别为 0.171 和 0.080。表 3 - 4 中，国企以 LP 模式投资的创业企业（*SCVC*）和被投资企业专利申请总数（*ENpatent*）、被投资企业发明申请总数（*ENinvention*）同样均呈显著正相关关系，相关系数分别为 0.058 和 0.047。以上结果初步阐明了 LP 模式下，国企参与风险投资对自身以及被投资企业创新的影响。虽然变量间的相关关系计算简明、易操作且可以直观地展示样本数据，但相关关系只是两变量之间的关系，并没有考虑其他因素干扰，因而依据相关关系只能作为一种辅助参考依据，而不能用作对总体的推断依据。

3.3 国有企业以 LP 模式参与风险投资的实证检验

检验国企参与风投对自身创新的影响

（1）总体影响的检验结果

在回归分析之前，首先利用豪斯曼检验（Hausman Test）判断应当选择随机效应模型还是固定效应模型。豪斯曼检验的结果不拒绝原假设，故采用随机效应模型。

表 3 - 5 展示了 LP 模式下，国企参与风险投资对其自身创新的总体影响。负二项回归模型的估计结果显示：当模型被解释变量为专利申请总数时，*ENamount* 这一变量的系数为 0.022，且在 5% 的水平上显著，

说明国企投资的创业企业数量越多，专利申请总数越多；当模型被解释变量为发明申请数时，*ENamount* 这一变量的系数为 0.010，且同样在 5% 的水平上显著，说明国企投资的创业企业数量越多，发明申请数越多。以上检验结果共同表明，从总体上看，国企以 LP 模式参与风险投资能够促进其自身创新。假设 1 得到支持。

表 3－5　　LP 模式下国企参与风投对自身创新的总体影响

变量	专利申请数		发明申请数	
	系数	标准误	系数	标准误
ENamount	0.022**	0.009	0.010**	0.005
TobinQ	－0.073*	0.038	－0.124***	0.043
Size	0.021***	0.007	0.008*	0.005
SOEage	－0.019	0.024	0.014	0.024
ROA	0.893	1.112	0.512	1.201
Concentration	－2.163***	0.576	－1.829***	0.662
Constant	0.667**	0.307	0.486*	0.250
Log likelihood	－1981.145		－1551.422	
N	948		948	

注：***、**、* 分别表示在 1%、5%、10% 的水平上显著；表中数据四舍五入保留三位小数。

从控制变量看，企业价值（*TobinQ*）对专利申请总数和发明申请数有显著负向影响，说明国企的企业价值越小，创新产出越高。一般而言，创新能力越强的企业，竞争力越强，企业的价值就越高，而这里的检验结果和常规结论存在一定差异。作者猜测，造成这一现象的原因可能是本书样本选择的是 A 股上市企业，其中很多为传统行业的成熟企业，这些企业价值更高，但是创新产出并不高。而企业价值相对较低的往往是中小企业，这些企业反而创新产出会高一些。当然，以上可能的解释只是主观推测。由于这不是本书研究中的重点，故不再进行进一步解释和检验。企业规模（*Size*）对专利申请总数和发明申请数有显著正向影响，说明国企的企业规模越大，创新产出越高。当然，从逻辑上讲，不排除两者之间存在反向因果关系（Reverse Causality）。企业股权集中度（*Concentration*）对专利申请总数和发明申请数有显著负向影响，说明国企股权越分散越有助于提升创新产出，这一结果与杨建君和盛锁（2007）[208]的研究结论一致。除此以外，国企的年龄（*SOEage*）和盈利能力（*ROA*）对专利申请总数和发明申请数没有显著影响，说明国企的年龄和盈利能力不会影响创新产出。

（2）分类影响的检验结果

表3-6展示了不同行业竞争强度下，国企以LP模式参与风险投资对其自身创新的影响。负二项回归模型的估计结果显示：当国企属于高竞争行业时，无论被解释变量是专利申请总数还是发明申请数，*ENamount*这一变量的系数均为正数，且在1%的水平上显著，说明国企投资的创业企业数量越多，创新产出越多，即当国企属于高竞争行业时，以LP模式参与风险投资能够促进自身创新。当国企属于低竞争程度时，无论被解释变量是专利申请总数还是发明申请数，*ENamount*这一变量的系数均不显著，说明国企投资的创业企业数量对创新产出没有影响，即当国企属于低竞争行业时，以LP模式参与风险投资无法促进自身创新。由于高行业竞争时存在创新效应而低行业竞争时不存在，所以无须再在全部样本中加入分类变量和自变量的乘积项进行回归，就能证实国

企通过 LP 模式参与风险投资对自身创新的促进作用在高竞争行业中体现得更强。假设 2 得到支持。

表 3－6　　　　LP 模式下国企所属行业竞争程度的作用

变量	行业竞争程度高		行业竞争程度低	
	专利申请数	发明申请数	专利申请数	发明申请数
ENamount	0.021*** (0.008)	0.024*** (0.008)	0.048 (0.033)	0.017 (0.012)
TobinQ	−0.043* (0.023)	−0.112* (0.060)	−0.108* (0.061)	−0.137*** (0.051)
Size	0.033*** (0.010)	0.019** (0.009)	−0.009 (0.014)	−0.008 (0.014)
SOEage	−0.014 (0.021)	−0.034 (0.025)	−0.032 (0.024)	0.026 (0.026)
ROA	0.745 (0.654)	−0.996 (1.044)	1.454 (1.554)	2.901* (1.532)
Concentration	−0.986 (0.834)	−0.996 (0.833)	−2.695** (1.173)	−2.260** (1.021)
Constant	0.221 (0.232)	0.825** (0.387)	1.253** (0.591)	0.843* (0.461)
Log likelihood	−903.343	−831.532	−897.993	−728.406
N	474	474	474	474

注：***、**、* 分别表示在 1%、5%、10% 的显著性水平上显著；表中数据四舍五入保留三位小数；括号内为标准误。

表 3－7 展示了不同市场化程度下，国企以 LP 模式参与风险投资对其自身创新的影响。负二项回归模型的估计结果显示：当被投资企业处

于高市场化地区时，无论被解释变量是专利申请总数还是发明申请数，*ENamount* 这一变量的系数均不显著，说明国企投资的创业企业数量对创新产出没有影响，即当被投资企业属于高市场化地区时，国企以LP模式参与风险投资无法促进自身创新。当被投资企业处于低市场化地区时，无论被解释变量是专利申请总数还是发明申请数，*ENamount* 这一变量的系数均为正数，且均在5%的水平上显著，说明国企投资的创业企业数量越多，创新产出越多，即当被投资企业处于低市场化地区时，国企以LP模式参与风险投资能够促进自身创新。由于低市场化程度时存在创新效应而高市场化程度时不存在，所以无须再在全部样本中加入分类变量和自变量的乘积项进行回归，就能明确国企通过LP模式参与风险投资对自身创新的促进作用在低市场化地区体现得更强。假设3得到支持。

表3-7　　LP模式下被投资企业所属地区市场化程度的作用

变量	市场化程度高		市场化程度低	
	专利申请数	发明申请数	专利申请数	发明申请数
ENamount	0.019	-0.019	0.037**	0.011**
	(0.025)	(0.024)	(0.016)	(0.005)
TobinQ	-0.174**	-0.188*	-0.059	-0.076
	(0.085)	(0.100)	(0.056)	(0.059)
Size	0.070***	0.065***	0.009	-0.012
	(0.018)	(0.018)	(0.011)	(0.010)
SOEage	-0.035	0.049	0.010*	0.084**
	(0.031)	(0.025)	(0.006)	(0.039)
ROA	-0.215	0.862	2.563	3.022
	(2.002)	(2.555)	(1.769)	(1.899)

续表

变量	市场化程度高		市场化程度低	
	专利申请数	发明申请数	专利申请数	发明申请数
Concentration	-1.103** (0.536)	-0.132* (0.065)	-1.355** (0.681)	-0.217** (0.102)
Constant	0.910 (0.646)	-0.691 (0.749)	0.698 (0.625)	-0.016 (0.733)
Log likelihood	-854.762	-714.678	-954.665	-888.453
N	412	412	412	412

注：***、**、*分别表示在1%、5%、10%的显著性水平上显著；表中数据四舍五入保留三位小数；括号内为标准误。

表3-8展示了风投机构为主投或跟投时，国企以 LP 模式参与风险投资对其自身创新的影响。负二项回归模型的估计结果显示：当风投机构为主投时，无论被解释变量是专利申请总数还是发明申请数，*ENamount*这一变量的系数均为正数，且各自在1%和5%的水平上显著，说明国企投资的创业企业数量越多，创新产出越多，即当风投机构为主投时，国企以 LP 模式参与风险投资能够促进自身创新。当风投机构为跟投时，*ENamount* 这一变量的系数虽为正数，但只对专利申请总数有微弱显著影响，对发明申请数没有显著影响，因此没有充足的证据表明国企投资的创业企业数量对创新产出有影响，即当风投机构为跟投时，国企以 LP 模式参与风险投资无法促进自身创新。由于风投机构为主投时存在创新效应而跟投时不存在，所以无须再在全部样本中加入分类变量和自变量的乘积项进行回归，就能明确国企通过 LP 模式参与风险投资对自身创新的促进作用在风投机构担任主投时体现得更强。这一结果支持了假设4。

表 3 – 8　　LP 模式下风投机构是否为主投的作用

变量	风投机构为主投		风投机构为跟投	
	专利申请数	发明申请数	专利申请数	发明申请数
ENamount	0.030*** (0.011)	0.017** (0.007)	0.007* (0.004)	0.016 (0.011)
TobinQ	–0.314*** (0.094)	–0.329*** (0.093)	0.115 (0.079)	0.057 (0.096)
Size	–0.007 (0.011)	–0.021* (0.013)	0.066*** (0.016)	0.043** (0.018)
SOEage	0.119*** (0.036)	0.153*** (0.046)	–0.065 (0.046)	–0.035 (0.041)
ROA	3.966* (2.361)	2.811 (2.453)	3.073 (2.649)	1.875 (3.207)
Concentration	–3.456*** (1.286)	–1.474* (0.780)	–0.244** (0.110)	–0.777*** (0.288)
Constant	0.240 (0.820)	–0.203 (1.021)	0.258 (0.665)	0.683 (0.743)
Log likelihood	–535.096	–422.311	–525.552	–449.726
N	215	215	215	215

注：***、**、*分别表示在1%、5%、10%的显著性水平上显著；表中数据四舍五入保留三位小数；括号内为标准误。

检验国企参与风投对被投资企业创新的影响

（1）总体影响的检验结果

表3–9展示了LP模式下国企参与风险投资对被投资企业创新的总体影响。负二项回归模型的估计结果显示：当模型被解释变量为专利申

请总数时，*SCVC* 这一变量的系数为 0.267，且在 5% 的水平上显著，*Time* 这一变量的系数为 0.154，且在 1% 的水平上显著。核心变量 *SCVC* × *Time* 代表了国企以 LP 模式参与风险投资对被投资企业的净影响，其系数为 0.063，但是并不显著，说明国企投资作为 LP 投资并不能提升被投资企业专利申请的数量。当模型被解释变量为发明申请数时，*SCVC* 这一变量的系数为 0.292，且在 1% 的水平上显著，*Time* 这一变量的系数为 0.160，也在 1% 的水平上显著。核心变量 *SCVC* × *Time* 的系数为 0.028，但是并不显著，说明国企以 LP 的形式投资也不能提升被投资企业发明申请的数量。以上检验结果共同表明，从总体上看，相对于独立风投，国企以 LP 模式进行风险投资并不能对被投资企业创新产生促进作用。假设 6 得到支持，假设 5 没有得到支持。

表 3-9　LP 模式下国企参与风投对被投资企业创新的总体影响

变量	专利申请数		发明申请数	
	系数	标准误	系数	标准误
SCVC	0.267**	0.096	0.292***	0.085
Time	0.154***	0.035	0.160***	0.044
SCVC × *Time*	0.063	0.045	0.028	0.020
Reputation	0.026***	0.009	0.040**	0.019
Experience	-0.002	0.002	-0.005*	0.003
Status	0.019***	0.007	0.011*	0.006
ENage	-0.001	0.000	-0.002	0.002
Stage	0.229	0.147	0.186	0.133
Hightech	0.014***	0.005	0.081***	0.027
Constant	3.403***	0.988	2.589***	0.577

续表

变量	专利申请数		发明申请数	
	系数	标准误	系数	标准误
Province effect	YES		YES	
Log likelihood	-11041.745		-8859.6082	
N	2752		2752	

注：***、**、*分别表示在1%、5%、10%的显著性水平上显著；表中数据四舍五入保留三位小数；括号内为标准误。

从控制变量看，风投机构的声誉（*Reputation*）对专利申请总数和发明申请数有显著正向影响，说明风投机构的声誉越高，被投资企业的创新产出越高。造成这一结果的原因可能在于高声誉的风投机构可以为被投资企业提供高质量的增值服务，还可以对被投资企业的质量起认证作用（Nahata，2008）[188]，有助于被投资企业获取更多创新资源。风投机构的网络地位（*Status*）对专利申请总数和发明申请数有显著正向影响，说明风投机构的网络地位越高，被投资企业的创新产出越高。Podolny（2001）[209]认为原因可能在于网络地位具有棱镜（Prism）和导管（Pipe）功能，有利于资源获取和质量认证。高科技行业（*Hightech*）对专利申请总数和发明申请数有显著正向影响，说明相对于非高科技行业的被投资企业，高科技行业的被投资企业具有较高创新能力。除此以外，被投资企业的年龄（*ENage*）和发展阶段（*Stage*）并不会影响其创新产出，风投机构的投资经验（*Experience*）对被投资企业专利申请总数和发明申请数的影响不相同。

（2）分类影响的检验结果

表3-10展示了不同技术契合程度下，国企以LP模式参与风险投

资对被投资企业创新的影响。负二项回归模型的估计结果显示：当国企和被投资企业技术契合程度较高时，无论被解释变量是专利申请总数还是发明申请数，变量 *SCVC* 和 *Time* 的系数均显著为正，核心变量 *SCVC* × *Time* 的影响均不显著。当国企和被投资企业技术契合程度较低时，无论被解释变量是专利申请总数还是发明申请数，变量 *SCVC* 和 *Time* 的系数均显著为正，核心变量 *SCVC* × *Time* 的影响均不显著。综合以上结果可以看出，无论国企和被投资企业的技术契合程度如何，相对于独立风投，国企以 LP 模式进行风险投资都不能对被投资企业创新产生促进作用。这一结果支持了假设 8，但不支持假设 7，进一步验证了 LP 模式下不存在资源间接流动机制。

表 3-10　　LP 模式下国企和被投资企业技术契合程度的作用

变量	高技术契合		低技术契合	
	专利申请数	发明申请数	专利申请数	发明申请数
SCVC	0.122 **	0.190 *	0.341 ***	0.331 ***
	(0.051)	(0.105)	(0.126)	(0.087)
Time	0.198 ***	0.197 ***	0.182 ***	0.083 ***
	(0.060)	(0.073)	(0.068)	(0.021)
SCVC × *Time*	-0.004	0.029	0.067	0.026
	(0.003)	(0.022)	(0.051)	(0.026)
Reputation	0.024 ***	0.022 ***	0.008 ***	0.049 ***
	(0.008)	(0.006)	(0.003)	(0.011)
Experience	0.003 *	0.009	-0.003	-0.011
	(0.002)	(0.006)	(0.002)	(0.008)
Status	0.042 **	0.016 ***	0.028 ***	0.023 ***
	(0.018)	(0.005)	(0.009)	(0.008)

续表

变量	高技术契合		低技术契合	
	专利申请数	发明申请数	专利申请数	发明申请数
ENage	-0.001 (0.000)	-0.000 (0.000)	-0.001 (0.001)	-0.003 (0.002)
Stage	-0.186 (0.144)	-0.018 (0.017)	0.486 (0.387)	0.221 (0.211)
Hightech	0.019*** (0.007)	0.089*** (0.033)	0.010*** (0.003)	0.093*** (0.030)
Constant	5.618*** (1.022)	2.668*** (0.787)	3.211*** (0.906)	2.109*** (0.522)
Province effect	YES	YES	YES	YES
Log likelihood	-2449.3008	-2005.4018	-8482.1303	-6724.1567
N	620	620	2132	2132

注：***、**、*分别表示在1%、5%、10%的显著性水平上显著；表中数据四舍五入保留三位小数；括号内为标准误。

表3-11展示了风投机构为主投或跟投方时，国企以LP模式参与风险投资对被投资企业创新的影响。负二项回归模型的估计结果显示：当风投机构为主投方时，无论被解释变量是专利申请总数还是发明申请数，变量 *SCVC* 和 *Time* 的系数均显著为正，核心变量 *SCVC* × *Time* 的影响均不显著。当风投机构为跟投方时，无论被解释变量是专利申请总数还是发明申请数，变量 *SCVC* 和 *Time* 的系数均显著为正，核心变量 *SCVC* × *Time* 的影响均不显著。综合以上结果可以看出，无论风投基金的管理机构是主投还是跟投方，相对于独立风投，国企以LP模式进行风险投资都不能对被投资企业创新产生促进作用。这一结果支持了假设

10，但不支持假设 9，再次说明 LP 模式下不存在资源间接流动机制。

表 3-11　　LP 模式下风投机构为主投或为跟投的作用

变量	主投		跟投	
	专利申请数	发明申请数	专利申请数	发明申请数
SCVC	0.219*** (0.080)	0.324*** (0.082)	0.332* (0.184)	0.223** (0.101)
Time	0.163*** (0.051)	0.085*** (0.025)	0.098*** (0.033)	0.177*** (0.045)
SCVC × Time	-0.003 (0.002)	0.021 (0.014)	0.011 (0.008)	0.033 (0.026)
Reputation	0.143*** (0.048)	0.044*** (0.016)	0.008*** (0.003)	0.049** (0.025)
Experience	0.013** (0.006)	0.008 (0.006)	-0.007* (0.004)	-0.001 (0.001)
Status	0.011*** (0.004)	0.004 (0.003)	0.034*** (0.012)	0.012** (0.006)
ENage	0.011 (0.008)	0.005 (0.004)	-0.003 (0.002)	0.010 (0.007)
Stage	0.036 (0.023)	0.253 (0.189)	0.318 (0.243)	0.143 (0.099)
Hightech	0.015*** (0.005)	0.063*** (0.023)	0.019*** (0.007)	0.087*** (0.026)
Constant	2.543*** (0.778)	3.578*** (1.330)	4.544** (2.208)	1.976*** (0.565)
Province effect	YES	YES	YES	YES
Log likelihood	-2118.143	-1755.013	-4768.683	-3841.1893
N	510	510	1124	1124

注：***、**、*分别表示在 1%、5%、10% 的显著性水平上显著；表中数据四舍五入保留三位小数；括号内为标准误。

（3）补充检验

从上文的检验结果可知，国企以 LP 模式参与风险投资和独立风险投资对被投资企业创新的影响未表现出差异。那么，这是否意味着国有企业作为 LP 参与风险投资对创业企业创新毫无促进作用呢？答案显然不是肯定的，因为还未将国企作为 LP 投资的企业和没有受到风投支持的企业进行过比较。

现有文献已经证明风险投资可以促进被投资企业创新原因不仅在于被投资企业可以获取到研发方面的增值服务，最基本的原因还有可能是因为得到风险投资后被投资企业的资金约束能能够得到缓解，从而能配置更多资金到技术创新活动上（Lutz 和 George，2012）[190]。国企投资的企业和独立风投投资的企业均得到了资金补充，所以两者的比较无法揭示资本补充机制是否成立。对此，我们需要将比较基准变更为没有受到风投支持的企业。如果国企作为 LP 投资的企业比没有受到风投支持的企业在创新方面表现得更加优秀，则说明国企作为 LP 投资可以通过缓解资金约束机制来促进被投资企业创新。

按照以上思路，本部分从未得到风险投资的创业企业中选取匹配样本进行分析，由于未接受风险投资的企业数量非常庞大，本部分对匹配条件稍微进行了调整：原来的匹配条件 1 无法再使用，作删除处理；原来的匹配条件 4 改为必须满足的条件，并且要求与处理组样本处于同一个地级市。经过以上处理后，满足要求的对照组数量依旧非常巨大，因此作者又在剩下的对照组样本中随机挑选了一对一样本，最后得到处理组和对照组样本各 434 个，共计 1736 个观测值。另外，由于对照组变成了未得到风投的企业，也就无法控制风投机构的特征对实验的影响，故控制变量也进行了相应调整。

表 3 - 12 展示了负二项回归分析的结果。当被解释变量为专利申请总数时，模型中核心变量 $SCVC \times Time$ 的系数为 0.017，并且在 1% 的水平上显著；当被解释变量为发明申请数时，模型中核心变量 $SCVC \times Time$ 的系数为 0.024，并且在 5% 的水平上显著。以上结果共同说明当比较对象为没有受到风投投资的企业时，国企作为 LP 投资可以促进被投资企业创新，意味着国企作为 LP 投资虽然未能展现出比独立风投更强的创新促进作用，但至少起到了缓解创业企业资金约束，从而帮助其提升创新能力的作用。

表 3 - 12　LP 模式下国企参与风投对被投资企业创新的影响

（比较基准：未接受风投的创业企业）

变量	专利申请数		发明申请数	
	系数	标准误	系数	标准误
SCVC	0.032***	0.010	0.044***	0.016
Time	0.166***	0.059	0.099***	0.034
SCVC × *Time*	0.017***	0.005	0.024**	0.012
ENage	-0.055	0.041	0.003	0.002
Stage	0.033**	0.015	0.054	0.036
Hightech	0.265***	0.097	0.118***	0.041
Constant	1.091***	0.367	0.053*	0.031
Province effect	YES		YES	
Log likelihood	-6973.527		-5469.215	
N	1736		1736	

注：***、**、* 分别表示在 1%、5%、10% 的显著性水平上显著；表中数据四舍五入保留三位小数。

3.4 国有企业以 LP 模式参与风险投资的稳健性检验

国有企业作为 LP 参与风险投资对自身创新和对被投资企业创新的研究方案存在一定差异，所以两者的稳健性检验也有所不同。

首先，国有企业以 LP 模式参与风险投资对自身创新的稳健性检验从以下几个方面展开：第一，加入研发投入（R&D）作为控制变量。企业研发投入对创新产出有着直接且重要的影响（Zhou 等，2016）[210]，但由于研发投入数据缺失较为严重，会导致样本量明显下降，所以上文并没有对其进行控制。本部分结合三大国内常用的权威数据库（Wind，CCER 和 CSMAR），尽可能搜集完整的研发投入数据，并将其进行控制。第二，更换异常值处理方法。上文对异常值进行了 1% 缩尾处理。为了防止缩尾处理的随意性对结果产生影响，本部分又对数据做了 5% 和 10% 两种缩尾处理并重复上文检验。第三，调整投资关系的存续期。上文已经指出，绝大多数情况下我们无法准确观测到风投机构从被投资企业退出的具体时间，故借鉴已有研究的常用做法，统一假定投资关系可以存续 4 年，并用 $t-4$ 年到 $t-1$ 年这 4 年测度国企投资创业企业的数量。Stuart（2000）[192]、Ahuja 和 Katila（2001）[193]指出，组织间关系对企业的影响一般可以持续 3—5 年。在这里，作者重新假定投资关系的存续时间为 3 年和 5 年，并计算国企在 $t-5$ 年到 $t-1$ 年以及 $t-3$ 年到 $t-1$ 年这两个时间段内投资企业的数量作为自变量。第四，更换被解释变量测度方法。上文被解释变量只统计了归属于上市公司本身的专利申请总数和发明申请数。在这一部分中，作者参考 Wadhwa 等（2016）[65]的研究，将归属于上市公司及子公司合营、联营公司的专利申请总数和发明申请数也一起纳入被解释变量的统计范畴，在此基础上重复上文检验。

从检验结果看，无论是增加控制研发投入的影响，还是更换数据净化方式，或是更改解释变量和被解释变量的测度方法，都没有实质改变上文的研究结论。

其次，国有企业以 LP 模式参与风险投资对被投资企业创新影响的稳健性检验从以下几个方面展开：第一，更改匹配样本选择方法。本研究采用构建匹配样本近似模拟反事实的方法来提高因果关系识别（Identification）的效率，所以匹配样本的选择可能会对研究结论产生较大影响。在上文中，本章根据 4 个匹配条件筛选对照组样本，如果最终控制得到了多个对照组样本，作者的处理方式是全部保留，即采用了一对多的匹配方法。在此部分中，作者换用一对一匹配方法，即针对每个处理组样本，只选取唯一对照组与其匹配。具体的选取过程如下：首先，将每个对照组样本从 1 开始编号；其次，利用 Excel 的随机数公式生成随机整数；再次，按照生成的随机数选择对应编号的对照组样本作为唯一匹配；最后，重复前三个步骤直到所有处理组都选择到唯一对应的匹配样本。第二，换用计量经济学模型。在搜集数据时候，作者发现被解释变量被投资企业专利申请总数和发明申请数出现了较多零值。对于这种数据特征，普通负二项回归模型等计数模型可能会低估零发生的概率。1992 年，Lambert（1992）[211]提出了一种处理这类数据的模型，即零膨胀模型（Zero - inflated models）。1994 年，Greene（1994）[212]根据 Lambert 的方法提出了零膨胀负二项模型（Zero - inflated negative binomial models）。本部分重新将计量模型设定为零膨胀负二项回归模型并重复上文检验。第三，更换异常值处理方法。在研究国企作为 LP 参与风投对被投资企业影响时，上文对异常值也进行了 1% 缩尾处理。为了防止缩尾处理的随意性对结果产生影响，本部分又对数据做了 5% 和 10% 两种缩尾处理并重复上文检验。

从检验结果看，无论是更改样本匹配方法，还是换用其他类型的计量经济学模型，或是更改异常值处理方法，研究结论依旧佐证了“国企作为 LP 参与风险投资并不能促进被投资企业创新”的观点。

由于本书表格数量较多，稳健性检验的结果不再具体展示。

3.5 LP 模式下国企和民企的比较

在企业风险投资的研究中，已有文献已经针对民营企业展开了丰富研究，针对国企的研究较少，上文研究在一定程度上弥补了这一缺口。那么，随之而来的问题就是，国企和民企同样以 LP 模式进行风险投资产生的创新效应孰强孰弱？下文将揭晓此问题的答案。

自身创新的比较

为了比较国企和民企以 LP 模式进行风险投资对自身创新影响的强弱，本部分重新搜集了 A 股民营上市企业以 LP 模式参与风险投资的数据，并将其与国企的对应数据组合成一个新样本（130 家国有企业，279 家民营企业，合计 3016 个观测值）。具体检验过程中，在上文回归模型 3.1 和模型

3.2 中加入了企业背景（*Background*）、投资创业企业数量×企业背景（*ENamount*×*Background*）两个变量。母公司为国有企业，则变量 *Background* 取值为1；母公司为民营企业，则变量 *Background* 取值为0。

表3－13的实证检验结果显示：无论被解释变量为专利申请总数还是发明申请数，核心变量 *ENamount*×*Background* 的系数均为负数，且至少在5%的水平上显著，这表明在投资相同数量的创业企业下，民企创新产出的提升幅度高于国企，即相对于国企，民企作为 LP 参与风险投资对自身创新的提升作用更强。

表3－13　LP 模式下国企和民企参与风投对自身创新影响的比较

变量	专利申请数		发明申请数	
	系数	标准误	系数	标准误
ENamount	0.466**	0.230	0.493***	0.138
Background	－0.568***	0.108	－0.519***	0.154
ENamount×*Background*	－0.002**	0.001	－0.003***	0.001
Controls	YES		YES	
Log likelihood	－80963.455		－6510.522	
N	3016		3016	

注：***、**、*分别表示在1%、5%、10%的水平上显著；表中数据四舍五入保留三位小数。

被投资企业创新的比较

为了比较国企和民企以 LP 模式进行风险投资对被投资企业创新影响的强弱，本部分重新搜集了 A 股民营上市企业以 LP 模式投资的创业企业数据，按照与本书83页的“国有企业以 LP 模式参与风险投资的数据与样本”这部分内容同样的匹配条件构建匹配样本，并替换独立风投投资的创业企业，与国企投资的创业企业组合成一个新样本（国企投资的创业企业 409 家，民企投资的创业企业 645 家，合计 2108 个观测值）。计量经济学模型形式保持不变。

表 3－14 的实证检验结果显示：无论被解释变量为专利申请总数还是发明申请数，核心变量 $SCVC \times Time$ 的系数均不显著，这表明在投资相同数量的创业企业下，民企和国企对被投资企业创新产出的提升幅度没有差异，即国企和民企作为 LP 参与风险投资对被投资企业创新的影响相同。

表 3－14　LP 模式下国企和民企参与风投对被投资企业创新影响的比较

变量	专利申请数		发明申请数	
	系数	标准误	系数	标准误
SCVC	－0.064	0.055	－0.145	0.093
Time	0.148**	0.062	0.190***	0.065
SCVC × Time	－0.023	0.026	－0.437	0.468
Controls	YES		YES	
Log likelihood	－8239.567		－6526.194	
N	2108		2108	

注：***、** 分别表示在 1%、5% 的水平上显著；表中数据四舍五入保留三位小数。

本章主要研究了国有企业以 LP 模式参与风险投资产生的创新效应。第一，研究了国企以 LP 模式参与风险投资对自身创新的总体影响以及这一影响是否会因为国企所在行业竞争程度差异、被投资企业所处地区市场化程度差异、风投机构是否为主投方而发生变化。第二，研究了国企以 LP 模式参与风险投资对被投资企业创新的总体影响以及这一影响是否会因为国企和被投资企业的技术契合程度差异、风投机构是否为主投方而发生变化。最后，将国企和民企以 LP 模式参与风险投资产生的创新效应进行了对比。假设检验的结果汇总如表 3－15 所示。

表 3-15　　本章假设检验结果汇总

作用对象	假设种类	假设编号	假设内容	是否通过
国企创新	总体影响	假设 1	国企通过 LP 模式参与风险投资能显著促进自身创新	√
	分类影响	假设 2	当国企处于高竞争行业时，国企通过 LP 模式参与风险投资对自身创新的促进作用更强	√
		假设 3	当被投资企业处于低市场化程度地区时，国企通过 LP 模式参与风险投资对自身创新的促进作用更强	√
		假设 4	当风投机构为主投方时，国企通过 LP 模式参与风险投资对自身创新的促进作用更强	√
被投资企业创新	总体影响	假设 5	与独立风险投资相比，国企通过 LP 模式参与风险投资更能促进被投资企业创新	×
		假设 6	与独立风险投资相比，国企通过 LP 模式参与风险投资并不能促进被投资企业创新	√
	分类影响	假设 7	当国企和被投资企业技术契合程度较高时，国企通过 LP 模式参与风险投资对被投资企业创新的促进作用更强	×
		假设 8	国企通过 LP 模式参与风险投资对被投资企业创新的影响并不会因双方技术契合程度高低而发生变化	√
		假设 9	当风投机构为主投方时，国企通过 LP 模式参与风险投资对被投资企业创新的促进作用更强	×
		假设 10	国企通过 LP 模式参与风险投资对被投资企业创新的影响并不会因风投机构是否为主投方而变化	√

第一，研究结果表明：总体上，国企通过 LP 模式参与风险投资能显著促进自身创新。进一步看，当国企处于高竞争行业、被投资企业处于低市场化程度地区、以及风投机构担任主投方时，国企通过 LP 模式参与风险投资对自身创新有显著正向影响，而当国企处于低竞争行业、被投资企业处于高市场化程度地区、以及风投机构担任跟投方时，上述影响并不显著。也就是说，创新效应在国企处于高竞争行业、被投资企业处于低市场化程度地区、风投机构担任主投方时体现得更为明显。此外，国企通过 LP 模式参与风险投资对自身创新的促进作用弱于民企。

结合理论分析，本书认为以上实证结果隐含着以下理论含义：

一是国企作为 LP 参与风险投资，虽然没有和被投资企业发生直接接触，但通过风投机构跟创业企业建立了间接联系。在中国 LP 热衷于干涉风投机构运作且 LP 处于强势地位的背景之下，创业企业的先进技术信息无可避免地会经由风投机构泄露给国企。与此同时，具有产业背景的国企也有动机获取并利用这些先进技术信息来提升自身创新水平。二是当行业竞争比较激烈时，国企面临更大生存压力，这让其产生更强动力通过风险投资来获取和利用创业企业间接泄露的新技术信息。当所在地区的市场化程度较差时，创业企业的核心技术信息无法得到制度的强有力保护，因此国企可以更加便捷和低成本地获取创业企业的前沿技术信息。当风投机构为主投方时，国企通过深度参与投前尽调和投后管理，可以获得创业企业泄露出来的更高质量、更核心的关键技术信息。以上三种情境有利于创业企业泄露的前沿技术信息在国企创新活动中发挥更明显作用。当然，也必须意识到，LP 模式下信息泄露并不是非常严重，因为某些特定情境中并不存在信息间接泄露。三是国企以 LP 模式参与风险投资对自身创新的促进作用弱于民企的原因可能在于，在中国特色社会主义市场经济体制下，民企未能掌握足够多稀缺资源，生存环境竞争更加激烈，因此更有动机利用外部被投资企业的技术信息去进行创新（Shleifer，1998；Guan 等，2009）[213],[214]。另外，民企的创新能力更强、创新基础更好，对外界知识资源的吸收利用能力更强（Xu 和 Zhang，2008）[215]，也可能导致其能从风险投资活动中获得更多创新收益。

第二，研究结果表明：总体上，国企通过 LP 模式参与风险投资对被投资企业创新的影响和独立风险投资没有显著差异。这一结果也不会因为国企和被投资企业的技术契合程度差异、风投机构担任主投方与否而发生改变。尽管如此，国企通过 LP 模式投资的企业仍然比没有接受风险投资的企业展现出更高的创新水平。此外，国企通过 LP 模式参与风险投资对被投资企业创新的影响和民企也没有显著差异。

结合理论分析，本章认为以上实证结果隐含着以下几个方面理论含义：

第一，LP 投资模式是两种典型投资模式中与母公司联系较为松散的一种，国企选择 LP 模式就是选择信任风投机构的专业能力（Keil，2002）[182]。因此，LP 模式下，国企除了向风投机构提供资金以外，并不会在技术创新方面间接给到创业企业太多支持，故即便存在风投机构和创业企业的资源流动，也不存在“国企→风投机构→被投资企业”的创新资源流，国企作为 LP 投资也无法比独立风投展现出更多技术创新方面的优势。

第二，创业企业无法通过风投机构间接获取国企的创新资源，所以即便双方技术契合程度较高（意味着创业企业可以更高效地吸收利用外部创新资源），或者风投机构担任了主投角色（意味着创业企业可以间接获取到更多、更高质量的外部创新资源），国企也无法为被投资企业创新提供实质性帮助，两者进一步佐证了“LP 模式下不存在‘国企→风投机构→被投资企业’创新资源流”这一观点。

第三，尽管如此，补充检验显示国企作为 LP 投资的企业依旧比没有接受风险投资的企业展现出更高创新水平，这说明国企作为 LP 起到了风险投资最基本的作用——帮助创业企业缓解融资约束，从而提升其创新产出。

第四，从民企和国企的比较结果看，出现上文结果也比较好解释：大型企业作为 LP 并不会给创业企业间接提供其自身创新资源，所以无论母公司是国企还是民营，无论母公司创新能力强弱，是否拥有丰富的行业创新资源和技术积累，都只能和独立风险投资公司一样提供相似的增值服务，而不会给被投资企业带来更多技术创新支持。

总而言之，国企作为 LP 向创业企业进行投资过程中存在着信息和资源间接流动，但这种流动不是双向对称的。国企作为资本持有方，在“国企—风投机构—创业企业”三方关系中占据强势地位，他们向创业企业投入资金的同时，在某些特定情境下还可以通过风投机构间接获取创业企业泄露的技术信息并用于自身创新。反观创业企业以自身技术信息为代价换取国企的资金投入，但并未通过风投机构获得国企在技术创新方面额外的资源支持。

4 直投模式下国有企业参与风险投资的创新效应研究

本章探讨本书的第二个专题子研究，直接投资模式下国有企业参与风险投资的创新效应研究。按照经典的实证研究范式，分以下五个步骤展开研究：第一，对直投模式和典型案例进行简要介绍。第二，按照作用对象差异，将创新效应划分为对国企自身创新的影响和对被投资企业创新的影响两部分。第三，基于信息直接泄露视角，分析国企参与风投对自身创新的总体影响；以此为基础，分析不同情境下上述影响的差异，进一步验证直投模式下信息直接泄露机制是否成立。第四，基于失败容忍视角、政治关联视角和资源直接流动视角，分析国企参与风险投资对被投资企业创新的总体影响；以此为基础，分析不同情境下上述影响的差异，进一步验证直投模式下失败容忍机制、政治关联机制和资源直接流动机制是否成立。第五，搜集数据测度相关变量，选取合适的计量经济学模型对研究假设进行检验，将检验结果与民营企业进行比较。

4.1 直投模式概述

除了 LP 投资模式，国企业参与风险投资还有第二种常见模式——直接投资模式（见图 4 - 1）。Sykes（1990）[28]的调查发现，以战略目标为主导的企业风险投资有将近 81% 采用直投模式进行。直投模式就是企业设立内部风险投资部门，利用自有资金对创业企业直接开展股权投资，投资过程不再出现独立的第三方机构。从募资角度看，大型企业不设立独立的子公司，所用资金完全来源于母公司，不需要对外募集资金，这是直投模式和 LP 模式最大的差异。正是因为如此，直接投资模式中风险投资部门与母公司有很强的关系强度，其运作完全依赖和服从于母公司，灵活性和自主性相对较低。从投资角度看，国企需要自己管理所有资金，承担一般合伙人的所有工作，包括：筛选项目、尽职调查、条款设计、提供增值服务，设计退出方案等，这是直投模式和 LP 模式最大的区别。直投模式和企业并购活动的不同点在于，前者投资对象为未上市创业企业，并且只占据创业企业少数股权，而后者的投资对象并不限定于未上市企业，并购以后会成为创业企业的大股东（Tong 和 Li，2011）[13]。需要说明的是，一些国企设立了全资控股的风投机构，但并不会对外募集风险资本，资金完全来源于母公司，日常运作也完全由母公司决定。这种类型的投资模式本质上和直投模式更为接近，所以可以归为直投模式进行分析。

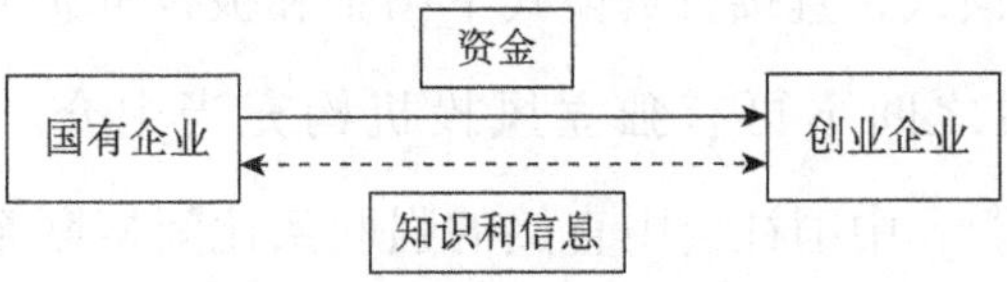

图 4-1　国有企业以直投模式参与风险投资的示意图

直接投资模式的典型案例包括：A 股上市国企人民网股份有限公司（603000. sh）直接投资初创期企业北京头条易科技有限公司，天使轮企业杭州鲲池传媒邮箱公司等。北京四维图新科技股份有限公司（002405. sz）直接投资天使轮企业中科劲点（北京）科技有限公司，A 轮企业北京未来导航科技有限公司等。

4.2 国有企业以直投模式参与风险投资的理论分析与假设

明确了直投模式的具体含义后，本节将从理论上分析国有企业以这一模式开展风险投资可能产生的创新效应，具体包括对自身创新产生的影响以及对被投资企业创新的影响两部分。

国企参与风险投资对自身创新的影响

本部分从理论上分析国有企业直接进行风险投资对自身创新的总体影响，以及此影响在不同的情境下是否会发生改变。

（1）总体影响

相比于 LP 模式，直接投资模式下国企和被投资企业属于直接的强联结关系，两者之间不再有独立风投机构充当中介。已有研究指出（Bian，1997）[216]，中国社会中直接的强联系比间接联系更加有利于信息获取。具体到本书情境下，国企和被投资企业的直接投资关系比 LP 模式下的间接投资关系更有助于国企得到被投资企业的先进技术信息。首先，国企无须再依赖风投机构，可以亲自对创业企业开展尽职调查，从而能够深入彻底且详细地掌握创业企业的技术信息。其次，在投后提供增值服务过程中，国企能够通过占据创业企业的董事会席位、举行定期或不定期的电话会议、实地造访等方式进一步获取创业企业的技术信息（Hasan 等，2018）[164]。另外，没有了中介方参与之后，还可以降低信息传输中发生错误的可能性，国企从创业企业获得技术信息的真实性更加可靠。由此，国企直接获得了一手前沿技术信息，增加了以新颖方式整合新知识与企业既有知识的可能性，从而提升自身创新产出。

许多文献的研究结论支持了上述观点。例如，Smith 和 Shah（2013）[62]利用 1978—2007 年美国医疗设备行业 128 个样本进行研究发现，企业进行风险投资的过程中存在着由被投资企业流向母公司的信息流，母公司的产品创新因此能够得到提升。Kim 等（2016）[15]利用美国 IT 行业的数据研究发现，参与风险投资是大型成熟企业获取外部技术并提升自身技术创新成果的一种重要手段。Dushnitsky 和 Lenox（2005a）[3]，万坤扬和陆文聪（2014a）[5]分别利用做中美两国上市企业的面板数据研究发现，企业开展风险投资业务能够促进母公司专利数量上升。

结合理论推演和已有研究成果，本书认为国企直接参与风险投资可以与创业企业建立直接互动和强联系，这十分有利于国企获取创业企业泄露的最新技术信息并提升创新产出。

假设 11：国企通过直投模式参与风险投资能显著促进自身创新。

(2) 分类影响

本部分对总体影响进行深入讨论，一方面明确不同情境下国企采用直投模式参与风险投资对自身创新的不同影响；另一方面通过分类研究，为总体影响中提出的理论机制——信息直接泄露机制提供进一步验证。

国企和被投资企业地理邻近性

大量已有研究表明地理距离对风险投资决策起很大作用。这一经济规律的内在逻辑并不复杂：由于投资对象一般为缺乏交易记录和有形资产的早期高科技企业，风投机构面临极大信息不对称性和未来不确定性。为了防止投资后创业企业家出现委托代理问题，风投机构会使用一系列手段进行监管。例如，在被投资企业的董事会中占据席位并参加董事会会议（Celikyurt 等，2014）[163]，与被投资企业高管面对面沟通并提供管理和运营建议（Bernstein 等，2016）[191]，甚至在企业处于困境时替换 CEO（Hellmann 和 Puri，2002）[159]。然而，仅通过互联网、电话、视频会议等远程通信手段，无法有效地施行以上监管活动。很多情况下投资者需要时常实地造访被投资企业来深入参与被投资企业的管理工作。

然而，频繁造访被投资企业又会给风投机构带来巨大的时间成本和经济成本。所以，许多风投机构都表现出本地偏好（Local Bias），即偏好对本地或者地理距离较近的创业企业进行投资。许多风投机构信奉的“20 分钟规则（20 - minute rule）”便是这一偏好的典型反映。所谓的

"20分钟规则"，是指风投机构的投资对象所属范围仅限于从风投机构办公室驾车20分钟以内可达的地理范围；若风投机构到拟投资企业的驾车时间多于20分钟，则就不会对其投资。大量理论研究结果也显示，地理邻近性可使风投机构在发现、筛选和监管项目时具有优势，可以更加及时地对企业管理和运营中存在的各种问题作出反应，更为深入了解企业的信息。Cumming 和 Dai（2010）[217]的研究佐证了这一观点。他们发现和风投机构位于同一地区的创业企业更容易获得成功（上市或被并购），究其原因就在于本地投资有助于风投机构充分了解被投资企业的质量并执行更好的监管。

以上逻辑同样适用于国企对创业企业的直接投资。当国企投资地理邻近性较高的创业企业时，由于时间成本和交通成本较低，相关投资经理可以便利地实地造访被投资企业，促使国企开展投后监管业务的次数增加和质量提升，从而有助于国企获取更多被投资企业泄露的技术信息，为自身创新增添更多砝码。相反，受制于高额的监管成本，国企无法对地理邻近性较低的被投资企业开展经常性有效监管，这导致其无法充分掌握被投资企业的技术信息，参与风险投资带来的创新促进作用也就无法充分发挥。

综上所述，本部分提出以下假设：

假设12：当国企和被投资企业地理邻近性较高时，国企通过直投模式参与风险投资对自身创新的促进作用更强。

国企和被投资企业技术契合程度

国企直接对创业企业投资同样存在双方技术契合程度高低的问题。那么技术契合程度差异会对国企参与风险投资的创新效应产生何种影响呢？

第一种观点认为，与 LP 模式相同，国企直接投资能够获取到被投资企业的技术资源。当两者技术契合程度较高时，由于具有相同的资源基础，国企更容易有效识别和消化来自被投资企业的技术资源，并充分转化为实际的创新产出。当两者技术契合程度较低时，被投资企业的技术资源被吸收整合为国企自身创新资源的难度提升，最终只能部分转化为创新产出。

第二种观点并不否认高技术契合能促使国企更好吸收外部资源，但还强调了高技术契合会导致创业企业构建强有力的防御机制（Defense Mechanisms）。

Katila 等（2008）[25]指出，对于创业企业而言，接受大型成熟企业的投资是一件危险与机遇共存的事情，他们称为“与鲨共泳（Swimming with Sharks）。Dushnitsky 和 Shaver（2009）[9]同样认为接受企业风险投资是一把双刃剑：一方面，创业企业只掌握有限的金融和非金融资源，他们被大型成熟企业的宝贵资源所吸引，期望能与其建立合作关系（Park 和 Steensma，2012）[79]。另一方面，双方的直接联系以及地位不对等会提升创业企业技术信息被盗用的风险（Alvarez 和 Barney，2001）[218]，即成熟企业可能通过模仿创新模式让创业企业得不偿失。McNally（1997）[29]指出在间接投资模式下，创业企业不会意识到风投机构背后的母公司是谁，无法感受到信息被盗用的风险，所以并不会采取非常强有力的防御机制，而在直接投资模式下，创业企业能清晰地感知来自企业投资者的威胁，所以防御机制就成了不可或缺的必需品。

当大型企业和创业企业的技术契合度较高时，大型企业有较强动机和能力去复制创业企业的创新模式。面对这种处境，创业企业接受企业直接投资的意愿会下降。Dushnitsky 和 Shaver（2009）[9]，Colombo 和 Shafi（2016）[10]发现只有当知识产权保护程度较强时，技术契合程度较高（同一行业）的两个企业才更有可能建立投资关系。除了外部知识产权保护以外，创业企业如果接受同行业大型企业直接投资还会从自身出发建立一些防止技术被盗用的保护机制，例如申请专利保护，签订技术保密协议，延迟接受企业风险投资的时间等（Katila 等，2008）[25]。从国企角度看，创业企业建立防御机制会加大侵占技术资源的惩罚力度，导致国企获取技术信息的难度提升，这在一定程度上会抵消双方技术契合带来的资源吸收利用优势。当大型企业和创业企业技术契合度较低时，被投资企业对自身技术的保护意识下降，从而导致国企窃取技术信息的难度下降。然而，需要注意的是，由于具有不同的知识基础，国企吸收利用创业企业技术信息的难度会上升。

综上所述，第一种观点认为，高技术契合度可以帮助国企高效吸收利用被投资企业泄露的技术信息，因而比双方技术不契合更有利于创新。而第二种观点在不否认高技术契合带来吸收和利用优势的前提下，还强调了高技术契合会令被投资企业建立更强的技术信息泄露防御机制，提升国企获取技术信息的难度，最终会抵消高技术契合相比于低技术契合的优势。故提出以下竞争性假设：

假设 13：当国企和被投资企业技术契合程度较高时，国企通过直投模式参与风险投资对自身创新的促进作用更强。

假设 14：国企通过直投模式参与风险投资对自身创新的影响并不会因双方技术契合程度高低而发生变化。

国企参与风险投资对被投资企业创新的影响

本部分从理论上分析国有企业直接进行风险投资对被投资企业创新的总体影响，以及此影响在不同的情境下是否会发生改变。

（1）总体影响

国有企业直接对被投资企业进行投资，可能通过以下三种机制影响被投资企业创新：

首先，失败容忍机制。Holmstrom（1989）[219]指出创新过程难以预测，充满许多特殊的偶发事件，所以开展创新活动的主体需要对失败持有额外的容忍度，而普通的绩效工资激励机制在培育创新方面是无效的。Manso（2011）[220]通过建立数理模型推导创新激励问题时发现，短期对失败给予容忍，长期对成功给予奖励才是激励创新的最优方式。就风险投资机构而言，能够容忍被投资企业的失败同样重要。风险投资是典型的积极投资者（Active Investors），同时也是被投资企业重要的决策者。他们通常对是否继续投资或终止一个项目作出最后的决定。如果风投不能容忍早期的失败，那么他们投资的企业很可能因为最初并不令人满意的表现被过早地清算，从而丧失创新的机会。因此，风投对失败的容忍可以防止被投资企业过早清算，为被投资企业最终实现其创新潜力提供保障。

国有企业直接投资存在以下几个特点使其比独立风投机构具有更高失败容忍程度：第一，国企直接投资的资金来源于母公司，这使国企对创业企业的投资期限不受限制（至少最初不受限制）。相比之下，独立风险投资公司通常以有限合伙制构成。募资协议一般规定基金存续时间为10年左右（最多可延长2年），到期之后必须强制清算。张学勇和廖理（2011）[105]，余琰等（2014）[98]发现国有背景的风险投资公司通常具有较长的投资期限。此外，由于资金完全来自母公司，所以国企投资所需资金的体量相对不受限制，而独立风险投资的资金使用受到有限合伙人最初承诺资本的限制。总之，较长的投资期限以及相对不受约束的资本供应，使国企对被投资企业的研发工作保持开放态度，更有可能投资不会立即产生财务回报但却具有较高上行潜力的长期创新企业。第二，国企内部的风险投资部门和独立风投基金使用不同的薪酬激励机制（Dushnitsky和Shapira，2010）[39]。Frederic W. Cook & Co. 针对企业风险投资的调查显示，大部分企业风险投资（68%的受访者）并不采用与独立风投相似的薪酬激励机制（绩效奖励），相反，企业投资部门的经理通常通过固定工资和年度奖金获得补偿，这些奖金与母公司的总体业绩挂钩。调查还发现，几乎所有的企业风投基金都没有像独立风投一样要求员工共同投资，也不允许企业风投基金管理人员自愿共同投资。这种做法对企业风投基金经理的激励不足，导致企业风投基金经理更能容忍失败（Manso，2011）[220]，从而能够更好培育创新。第三，独立风投的唯一目标是追求财务回报，而国企直接投资通常还有更重要的战略使命，即通过投资创业企业为母公司提高竞争优势带来新的想法或技术。创业企业可以利用国企的制造工厂、分销渠道、技术或品牌和业务实践来助推自身发展。作为回报，国企能够从创业企业那里获得一个了解新技术和市场的窗口（Benson和Ziedonis，2009）[47]。所以，国企直接投资时就更有耐心让被投资企业去进行创新，从而为自身发展添砖加瓦。综上而言，更长的投资期限，较低的激励机制，战略目标的追求这三点都促使国企比独立风投机构拥有更高失败容忍度。又由于投资者的高失败容忍度有利于创业企业创新（Tian 和 Wang，2014）[187]，所以国企直接投资比独立风投机构更能促进被投资企业创新。

其次，政治关联机制。制度理论（Scott，2013）[221]关注的是制度和组织之间的相互作用，强调企业的行为如何被周围的正式和非正式制度所塑造。在新兴经济体中，资本市场发展薄弱、熟练劳动力短缺、法律执行不力、缺乏完善的金融体系等会阻碍企业的经营和发展，比如限制企业投资创新但有风险的项目（Chen 等，2014）[222]。Musacchio 和 Lazzarini（2014）[223]指出解决制度漏洞的一种有效方法是与政府建立联系，因为政治关联可以通过资源分配和政策制定来改变企业运作。政府经常通过国家战略规划、反垄断政策、银行监管等方式给予某些商业团体保护，从而达到干预企业行为的目的（Sheng 等，2011）[224]。国有企业作为国有团体，和政府有着天然的良好关系，享有政府及相关机构给予的特权。例如，许多新兴市场政府只允许国企在石油加工等具有重要战略意义的行业开展业务。Musacchio 和 Lazzarini（2014）[223]研究也表明，国有企业，尤其是新兴市场的国有企业，经常通过政府获得补贴信贷。

本书认为创业企业接受国企直接投资后，其股权结构中相当于间接包含了一定国有股，这让其建立了政治关联，从而更有可能获得各种与政府相关的资源。例如，第一，科技管理部门负责中国科技资源的统筹管理，与绝大部分科研院所、专家学者有业务管理或合作关系，因此，政治关联的创业企业可以通过科技管理部门拓展研发所需的技术资源。第二，由于中国的经济体制中国有经济成分占据举足轻重的角色，这意味着创业企业的许多上下游企业是国企或者混合所有制企业，因此政治关联的创业企业可以通过发展改革部门或财政部门构建上下游企业的合作关系。第三，中国的非股权融资市场主要包括银行贷款和企业债券市场，而这两个市场全部由金融管理部门负责协调和监管，因此创业企业可以通过金融管理部门拓宽债权融资渠道，以低成本得到更多资金（Houston 等，2014）[225]。最后，企业发展离不开外部政策环境支持，政治关联的创业企业可以凭借良好政府关系得到一定程度的政策倾斜，例如更大概率获得政府补贴和税收优惠等（Faccio 等，2006）[226]。

最后，资源直接流动机制。资源间接流动机制在 LP 模式部分已经论述（此处不再详细介绍），在直投模式下，技术资源由间接流动转化为没有风投机构中介的直接流动，其核心逻辑为：国有企业通过直接投资会将自身技术资源通过增值服务等方式传递给被投资企业，从而有助于被投资企业创新。

综上所述，相比于独立风险投资，国企直接参与风险投资可以为创业企业提供较高的失败容忍度，较多政府资源以及较多技术资源，所以更能促进被投资企业创新。故提出以下假设：

假设 15：与独立风险投资相比，国企通过直投模式参与风险投资更能促进被投资企业创新。

（2）分类影响

本部分对总体影响进行深化，一方面明确不同情境下国企采用直投模式参与风险投资对被投资企业创新的不同影响；另一方面通过分类研究，为总体影响中提出的三个理论机制——失败容忍机制、政治关联机制和资源直接流动机制提供进一步验证。

国企失败容忍度

上文指出，国企直接投资之所以比独立风投机构更能促进被投资企业创新，是因为国企的失败容忍程度高于独立风险投资。本部分对国企的失败容忍度进行细致划分，力求更加直接地验证国企是否由于具有更高失败容忍度才促进了被投资企业创新。

根据上一部分的逻辑，创新活动充满了各种变数导致创新结果难以预测，因此企业管理者和投资人若是想要达成更高水平的创新，只推行普通的绩效工资激励制度是不够的，还需具备较高失败容忍度。国企投资创业企业会深度参与其日常运作，如果发现企业仍有成长潜力，会选择继续投资。而如果创业企业发展无法达到预期水平，则会选择终止此项目。当然，终止项目的决策也不一定完全正确，因为很多企业需要较长的周期才能完全展现出核心竞争力。如果国企具有高失败容忍度就能够降低项目被过早错误清算的风险，有助于被投资企业实现其创新潜力。而如果国企不具备高失败容忍度，则可能将企业过早清算，不利于企业创新潜力发挥。Manso（2011）[220]的研究支持了这一观点，他通过严格的数理模型推导发现，短期内对失败给与容忍有助于激发创新。

关于失败容忍度的测量，Manso（2011）[220]的研究表明项目委托人对项目终止时间的选择可以反映委托人的失败容忍度：终止时间越靠后，失败容忍度越高。Tian 和 Wang（2014）[187]的研究对风投机构的失败容忍度展开了分析，他们通过理论推导发现，风投机构对最终失败项目的投资期限与终止阈值的选择成负相关，与失败容忍度成正相关。以此为基础，Tian 和 Wang（2014）[187]采用了失败项目的投资时长来衡量风投机构的失败容忍度。本书也采用这一指标。

综上所述，如果失败容忍机制成立，则国企直接投资时对被投资企业失败的容忍度越高（失败项目的投资时间越长），越有利于被投资企业发挥出创新潜力，实现更高创新产出。故提出以下假设：

假设 16：当国企失败容忍度较高时，国企通过直投模式参与风险投资对被投资企业创新的促进作用更强。

被投资企业股权性质

在转型经济体中，法律制度不健全，企业的产权保护意识缺失严重。Houston 等（2014）[225]指出政治关联可以作为企业产权保护的替代机制，弥补产权保护确实带来的负面影响。国有背景企业天然地具有丰富的政府资源，而民营企业很难得到政府支持，所以非国有背景的企业建立政治关联和良好政府关系能够产生更强的效应。例如，董建卫和郭立宏（2016）[120]利用中国风险投资市场数据研究发现，引导基金参股非国有背景风投机构提供的杠杆效应高于参股国有背景风投机构提供的资源补充效应。他们指出这一现象背后的原因在于，政治关联可以帮风投机构获取政府资源，但国有背景风投机构本身就拥有较多相似资源，所以通过引导基金参股形成的政治关联能为国有背景风投机构提供的资源补充效应弱于非国有背景风投机构提供的资源补充效应。此外，许多其他领域的研究也都证明了政治关联带来的资源效应在国有企业中体现得较弱，在非国有背景的企业中体现地较强。例如，黄珺和魏莎（2016）[227]针对企业信贷融资的研究发现，政治关联能够增强企业获得银行信贷的能力，但如果企业本身就具有国有背景，那么政治关联对获取贷款的促进作用就会明显下降。潘越等（2009）[228]针对企业财务困境的研究发现，民营企业建立政治关联对处于财务困境的企业获取政府补助有显著正向影响，但对国有企业的作用不显著。

本书研究情境之下，政治关联机制的核心逻辑在于，国企直接投资可以帮被投资企业建立政治关联，从而有利于被投资企业获取各类政府资源来促进企业创新。如果被投资企业同样具有国有背景时，其拥有的政府资源比较丰富，那么再为其提供同类型资源产生的补充效应会减弱，对被投资企业创新的促进作用也会下降。对于非国有背景的被投资企业而言，其拥有的政府资源比较贫乏，国企直接投资产生的政府资源补充效应较强，因此对创业企业创新的促进作用也更强。

综上所述，当政治关联机制成立时，如果被投资企业同样具有国有背景，那么国企采用直投模式投资为被投资企业带来的资源补充效应会因被投资企业已具有的政府资源而减小。如果被投资企业不具有国有背景，那么国企投资带来的政府资源可以在企业创新过程中发挥更强作用。故提出以下假设：

假设 17：当被投资企业不具有国有背景时，国企通过直投模式参与风险投资对被投资企业创新的促进作用更强。

国企的级别

中国的国有企业隶属于不同层级的政府，包括中央政府和地方政府。由中央直接管理或委托中组部、国资委或其他中央部委（协会）管理的称为央企，一般在关系国家安全和国民经济命脉的主要行业和关键领域占据支配地位。地方国企隶属于地方政府，主要服务于地方经济发展。

除了追求利润之外，国企实际运营过程中还需兼顾各种非经济目标，承担各类社会责任，比如稳定经济形势，保护国家安全，促进就业增长等。与此同时，国企在完成这些非经济目标时需要承担正常经营以外巨大的成本支出。基于这一原因，政府会为国企提供各种政策和资源支持（林毅夫等，2004）[229]。一般而言，国企的行政级别越高，其隶属的政府行政级别就越高，掌握的稀缺资源就越多。杨星等（2016）[230]的实证研究为这一观点提供了支持，他们发现与高行政级别的政府建立政治关联的企业增发审批通过率较高。方明月（2014）[231]使用国有制造业企业的面板数据，研究了政治层级对全要素生产率的影响。他们发现不同的政治层级界定了不同的政治资源，相对于低政治层级的国企（地方国企），高政治层级的国企（央企）更有可能获得贷款优惠。

在本书研究情境之下，政治关联机制的核心逻辑在于，国企直接投资可以帮被投资企业与政府建立政治关联，从而有利于被投资企业获取各类政府资源来促进企业创新。高行政级别的国企隶属于掌握更多资源配置权的高行政级别政府，创业企业接受投资后，就相当于和高行政级别的政府建立了政治关联，从而可以获得更多高质量的政府资源支持，最终对创新产生更强促进作用。对于低行政级别的国企而言，创业企业接受其投资后相当于和掌握较少资源配置权的低行政级别政府建立了政治关联，因而只能获得较少政府资源支持，对创业企业创新的促进作用相对有限。

综上所述，当政治关联机制成立时，行政级别较高的国有企业通过GP模式投资和被投资企业建立间接联系后，可以为被投资企业带来更多高质量政府资源，从而对其创新发挥更强提升作用。而相同情况下，低行政级别的国企只能帮被投资企业获得有限的政府资源，因此对被投资企业创新的提升作用相对较弱。故提出以下假设：

假设 18：当国企级别较高时，国企通过直投模式参与风险投资对被投资企业创新的促进作用更强。

国企和被投资企业技术契合程度

直投模式下高技术契合可能唤起创业企业的自我保护意识，构建防御机制来阻止技术信息被国企窃取。但是，从创业企业资源获取的角度看，创业企业往往资源基础非常薄弱，迫切需要通过各种直接或间接联系来获取创新资源（Gorman 和 Sahlman，1989）[177]。所以，即便存在防御机制，创业企业主观上并不会排斥资源流入。如果外部资源来自高技术契合的大型企业，创业企业更会非常乐于接受，因为上文分析已经指出，高技术契合更有利于创业企业吸收外部技术资源并转化为实际创新产出（Chemmanur 等，2014）[88]。

对于国有企业而言，培育创业企业成长，实现成功退出是国企直接投资的重要目的之一，所以国企有足够动力将掌握的技术信息和知识流提供给被投资企业，帮助其提升创新能力。也就是说，即便存在防止创业企业信息外泄的措施，也不影响国企通过增值服务等方式为被投资企业提供技术资源的意愿。

综上所述，直投模式下，高技术契合不但不会阻碍国企技术资源直接流向被投资企业，而且还能增加被投资企业对外部技术资源的吸收利用效率，所以它比低技术契合企业更加有利于创新促进作用充分发挥。故提出以下假设：

假设 19：当国企和被投资企业技术契合程度较高时，国企通过直投模式参与风险投资对被投资企业创新的促进作用更强。

4.3 国有企业以直投模式参与风险投资的研究设计

针对上一节提出的研究假设，本节介绍检验这些假设使用的数据、变量和模型。首先确定假设检验的基本思路，然后对样本数据的来源以及搜集整理过程进行详细说明，其次论述实证检验所用变量的测度方法，最后简要介绍检验所用的计量经济学模型。需要说明的是，本章研究设计和 LP 模式的研究设计存在部分相似内容，为避免与 3.3 节有过多重复，同时保持子专题研究的独立性和完整性，本节只对重点内容进行详细阐述，其他内容只作简要阐述。

国有企业以直投模式参与风险投资的基本思路

（1）国有企业通过直投模式参与风险投资对自身创新影响的检验思路

参考 LP 模式的检验思路以及 Wadhwa 和 Kotha（2006）[4]的研究，本书以 A 股股票上市国有企业每年直接投资的创业企业数量测度自变量，构建面板数据进行检验。之所以采用每年投资企业的数量来度量国企对风险投资的参与程度而不采用投资金额，是因为前者披露较为完整。

（2）国有企业通过直投模式参与风险投资对被投资企业创新影响的检验思路

参考 LP 模式的检验思路以及 Chemmanur 等（2014）[88]的研究，本书借鉴双重差分的思想，首先以国有企业直接投资的创业企业为处理组，在从未接受过国有企业直接投资的创业企业中选取匹配样本作为对照组，在对比处理组和对照组差异的基础上再比较处理前和处理后的差异，通过两次差分得到国有企业采用直接投资模式对被投资企业创新的净效应。为了排除风险投资本身对资本的补充、认证、监管等作用，对照组（即比较基准）同样从独立风险投资、基金投资的创业企业中进行选取。此外，为了让对照组尽可能模拟“反事实”，作者还增加了一些匹配条件来进一步筛选对照组，具体见下文。

国有企业以直投模式参与风险投资的数据与样本

（1）国企通过直投模式参与风险投资对自身创新影响的研究数据来源与样本选择

结合数据可得性，本部分同样选取 2009—2016 年上市国有企业的面板数据作为研究样本（注：实际观测截止时间为 2019 年 12 月 31 日，具体解释参见第 3 章的“因变量”部分）。数据来源如下：上市企业（企业风险投资母公司）的相关数据来源于 CSMAR 数据库、企业年报和天眼查；专利数据来源于国家知识产权局专利信息服务平台；风险投资及创业企业的相关数据来源于私募通数据库（PEdata）。样本筛选的过程与 LP 模式存在一定不同，具体如下：第一步，通过 CSMAR 数据库检索搜集 2009—2016 年 A 股所有上市企业的名单；第二步，通过 CSMAR 数据库披露的股权性质以及行业信息，剔除样本中的非国有企业、金融行业和房地产行业的企业、观察期内股权性质发生变化的企业。第三步，根据上市国企披露的年报和公告信息，结合私募通数据库的信息，找到国有企业对外投资的创业企业，另外要求创业企业是未上市非金融类企业，投资后国企不是最大股东，且不是国企发起设立的企业。经过上述几个步骤后，可以确定国企和被投资企业之间的对应关系。在剔除数据缺失之后，最终搜集到一组由238家国企，1832个有效观测值组成的非平衡面板数据。如果未作说明，有些特殊情况的处理方法同第3章。

（2）国企通过直投模式参与风险投资对被投资企业创新影响的研究数据来源与样本选择

数据来源同上。其次，样本筛选先要完成上文提到的三个步骤后，再进行第四步：对于接受了两轮及以上的国企直接投资的创业企业，仅保留第一轮选择数据作为样本，不重复计入（例如：A企业在2009年接受了一轮风险投资，2012年又接受了一次风险投资，两轮均由国企直接投资，那么只以保留2009年的那一轮融资进行观测）。经过以上四个步骤，共得到559个处理组样本。第五步：按照一定匹配原则，为处理组样本选取对照组。参考以往研究（董建卫等，2018a）[138]，选取的匹配条件如下：

条件1：与处理组企业在同一季度内接受过风险投资，且风险投资中没有企业（国有企业和民营企业均包括在内）以任何投资模式参与；

条件2：与处理组企业处于同一行业；

条件3：与处理组企业处于同一发展阶段；

条件4：与处理组企业处于同一省份。

前三个为必须满足的条件，第四个为非必须条件，也就是说无法匹配到同时满足前三个条件的对照组的处理组样本会被删除。能匹配到同时满足前三个条件，但不能匹配到满足第四个条件的对照组的处理组样本会被保留。根据以上条件遴选得到处理组样本 556 个，对照组样本 1040 个。

国有企业以直投模式参与风险投资的变量

（1）因变量

国有企业创新

与上两部分一致，本章参考 Wadhwa 等（2016）[65]的研究，选取国企当年（t 年）专利申请总数和发明申请数（且在后续 3 年中得到授权）作为国有企业创新的测度指标。

被投资企业创新

被投资企业创新能力通过专利申请总数和发明申请数度量。具体来说，假设创业企业接受国有企业直接投资的时间为 z 年，本章统计 $z-3$ 年到 z 年，z 年到 $z+3$ 年这两个时间段内被投资企业年平均专利申请总数和年平均发明申请数分别作为处理前和处理后被投资企业创新的测度指标。如果接受风险投资时成立时间还未满 3 年，则被投资企业从成立到第 z 年的年平均专利申请总数和发明申请数即为因变量。如果成立时间未满一年，就直接将处理组连同对照组一起剔除。

（2）自变量

国企以直投模式投资的创业企业数量

本章选取国企在 $t-4$ 年到 $t-1$ 年内以直接投资模式投资的创业企业数量来衡量国企参与风险投资的情况。选择这一指标的原因和前两章类似，此处不再赘述。

国企以直投模式投资的创业企业

国企以直投模式投资的创业企业是指国企不经过独立风险投资机构而直接投资的创业企业，也就是处理组样本，变量赋值为 1。需要说明的是，处理组样本中不包括国企发起设立以及控股的创业企业。对照组样本为得到独立风险投资基金支持，并且不是国企通过 LP 模式投资的创业企业，变量赋值为 0。

时间

创业企业接受风险投资前变量取值为 0，接受风险投资后变量取值为1。

国企和被投资企业地理邻近性

简单地说，地理邻近性就是国企和被投资企业在地理位置上的接近程度。如果国企和被投资企业处于同一省份，则定义为高地理邻近性，变量取值为 1；如果双方处于不同省份，则定义为低地理邻近性，变量取值为 0。

国有企业和被投资企业技术契合程度

同行业企业在技术层面相对类似，所以已有文献多采用母公司和被投资企业是否处于同一行业来测度技术契合程度（Chemmanur 等，2014）[88]。如果处于同一行业，则技术契合程度较高，变量取值为 1；如果双方不处于同一行业，则技术契合程度较低，变量取值为 0。当研究对被投资企业创新的影响时可以直接这样度量，而当研究对国企自身创新的影响时，由于国企一年内可能同时投资多个企业，所以还需对这一指标进行以下处理：第一，找到国企 i 在 t 年直接投资的所有创业企业。第二，计算这些被投资企业与国企 i 处于同一行业的比例值。第三，重复步骤一和步骤二，得到每个国企每年一个比例值。第四，对所有的比例值进行排序，大于或等于中位数的定义为高技术契合，变量取值为1；小于中位数的定义为低技术契合，变量取值为0。

失败容忍度

Manso（2011）[220]研究表明，对于失败的容忍程度会一定程度反映在项目委托人对项目终止时间的选择上。一个高容忍度的委托人会选择一个低于事后最优水平的阈值，这会鼓励代理人创新，而低容忍度的委托人则会选择高于事后最优水平的阈值，这会阻碍代理人创新。Tian 和 Wang（2014）[187]发表在金融学顶级期刊 The Review of Financial Studies 上的论文对 Manso（2011）[220]的研究进行了拓展。他们通过理论推导发现，其他条件不变的情况下，风投机构对最终失败项目的投资期限与终止阈值的选择成负相关，与对失败的容忍度成正相关，然后他们利用风投机构对失败项目的平均投资时间测量失败容忍度。这一指标在后续研究中得到引用广泛引用，代表性的成果例如 Chemmanur 等（2014）[88]同样发表在 The Review of Financial Studies 的论文。

本部分借鉴采用 Tian 和 Wang（2014）[187]的做法，同样使用国企对失败项目的平均投资时间测量失败容忍度。具体如下：第一，确定投资失败的项目。私募通数据库提供了部分投资机构从被投资企业的退出方式（IPO、并购、回购、清算等），其中退出方式为清算的创业企业是比较明确的投资失败项目。另外，不得不承认，包括私募通在内的所有私募股权数据库对清算退出的披露都不太完整，原因大概是很多失败企业没有进行清算或注销或者项目失败对创业者和投资者的声誉都有一定程度损害，所以他们都不愿意披露。面对这种情况，本书将最后一轮融资后 5 年内未进行任何融资的企业同样定义为投资失败项目。第二，计算失败项目的投资时间。失败项目的投资时间定义为国企从开始投资到最后一次参与的投资轮次经过的时间长短。如果在国企参与的最后一轮以后，企业仍然得到了其他风投机构的投资，则投资时间的计算从国企开始投资直至最后一轮由其参与后的下一轮融资日期为止，因为 Gorman 和 Sahlman（1989）[177]研究指出风险投资继续或终止投资的决定通常是在企业再融资时做出的。第三，计算国企对失败项目的平均投资时间。本书选取 5 年时间窗来计算失败项目的平均投资时间，即 t 年的失败容忍程度是指国企在 $t-5$ 年到 t 年内所有失败项目的平均投资时间。需要说明的是，这里的所有失败项目是指国企投资种子期、初创期和扩张期的失败项目，不包括投资成熟期失败的项目，因为成熟期企业的风险明显下降，国企的投资时长可能无法反映真实的失败容忍程度。如果国企 t 年以前没有进行种子期、初创期或扩张期投资，那失败容忍无法度量，需做剔除处理。第四，计算样本中所有国企的失败容忍度，然后将其从高到低排序，大于或等于中位数的定义为高失败容忍度，变量取值为 1；小于中位数定义为低失败容忍度，变量取值为 0。

被投资企业股权性质

根据天眼查数据库提供的股东信息，将被投资企业分为国有背景创业企业（变量取值为 1）和非国有背景创业企业（变量取值为 0）。

国企行政级别

CSMAR 数据库将国有上市企业分为五大类；央企、国家、省、市、其他。本章将央企和国家两种层级定义为高行政级别，变量取值为 1；省属国企和市属国企定义为低行政级别，变量取值为 0。针对同时具有多种行政级别的国企，按照最高层级进行定义。

(3) 控制变量

参考上市企业创新的研究成果，结合数据可得性，本章从 CSMAR 数据库整理了第一组变量用以控制其他因素对国有企业创新的影响（控制变量选取理由同前两章）。

①企业价值。企业价值常通过托宾 Q 值进行度量，CSMAR 中提供了四种计算托宾 Q 值的方法，本章采用第二种进行计算，具体公式为：市值/（资产总计 - 无形资产净额 - 商誉净额）。

②企业规模。衡量企业规模有较多测量指标，包括采用销售额、员工数量、总资产、净资产、子公司数量等。本章采用企业员工的数量进行度量，计量单位为千人。

③企业年龄。企业年龄是指企业从成立到观测时点 t 经历的时间长短，以年为计量单位。

④企业盈利能力。本章采用资产收益率（ROA）来衡量企业的盈利能力，计算方法为：净利润/总资产平均余额，其中：

总资产平均余额 = 资产合计期末余额 + 资产合计期初余额）/2

⑤企业股权集中度。本章选取前十大股东持股比例的平方和（H10 指数）进行度量。

参考风险投资对被投资企业创新的研究成果，结合数据可得性，本书通过私募通数据库搜集了第二组变量用以控制其他因素对被投资企业创新影响。需要说明的是，由于直投模式下没有独立风投机构参与，所以控制变量的选取和测度与前两部分存在一定差异，主要体现在以下几个方面：

①国企声誉。这里的声誉特指国企在风险投资方面的声誉。由于直投模式中不涉及独立风投机构，所以本部分采用截止特定时间国企直接的投资企业中成功 IPO 的数量（简称累计 IPO 数目）进行度量。

②国企投资经验。本部分使用国企累计投资轮次来度量投资经验，即截至特定时间国企总共向创业企业投资的轮次数目。

③国企网络地位。这里的网络地位特指国企在风险投资网络中的地位。本部分采用过去 3 年间国企和风投机构的联合投资事件构建网络，然后将特征向量中心性作为网络地位的测度指标，具体计算公式同第 3 章。

④被投资企业年龄。被投资企业的年龄定义为从企业注册成立到接受风险投资的时长，四舍五入以年为单位取整。

⑤被投资企业所处发展阶段。私募通数据中将创业企业发展阶段划分为四类：种子期、初创期、扩张期和成熟期。本部分将种子期和初创期的被投资企业定义为早期项目，变量取值为 1；处于扩张期和成熟期的被投资企业定义为中后期项目，变量取值为 0。

⑥高科技行业企业。参考国家统计局发布的《高技术产业（制造业）分类（2013）》和《高技术产业（服务业）分类（2013）（试行）》，如果被投资企业所处行业包含在这两个文件之内，则为高科技行业企业，变量取值为 1；如果不包含在这两个文件之内，则为非高科技行业企业，则变量取值为 0。

国有企业以直投模式参与风险投资的模型

针对被解释变量的分布，本章选择负二项回归模型进行实证检验。

选取这一模型的原因可参考第 3 章相应部分。

研究国有企业以直投模式进行风险投资对自身创新的影响时，采用了基于面板数据的负二项回归模型，具体形式如下：

$$P(SOEpatent_{i,t} = k \mid u_{i,t},\delta) = \frac{\Gamma(\delta + k)}{\Gamma(\delta)\Gamma(k+1)}\left(\frac{\delta}{\delta + u_{i,t}}\right)^{\delta}\left(\frac{u_{i,t}}{u_{i,t} + \delta}\right)^{k}$$

$$k = 1,2,3\cdots$$

$$\mu_{i,t} = \beta_0 + \beta_1 ENamount_{i,t} + \beta_2 Tobin\ Q_{i,t} + \beta_3 Size_{i,t} + \beta_4 SOEage_{i,t} + \beta_5 ROA_{i,t} + \beta_6 Concentration_{i,t} + \varepsilon_{i,t} \quad (4.1)$$

上述公式（4.1）中，$SOEpatent_{i,t}$代表国企 i 在 t 年的专利申请总数，$ENamout_{i,t}$代表国企 i 在 t 年以直投模式投资的创业企业数量，$TobinQ_{i,t}$代表国企 i 在 t 年的企业价值，$Size_{i,t}$代表国企 i 在 t 年的企业规模，$SOEage_{i,t}$代表国企 i 在 t 年的企业创办年龄，$ROA_{i,t}$代表国企 i 在 t 年的资产回报率（盈利能力），$Concentration_{i,t}$代表国企 i 在 t 年度的股权集中度，β_0 至 β_6 为待估系数，$\varepsilon_{i,t}$代表随机误差项。

研究国企以直投模式进行风险投资对自身发明申请数的影响时，模型具体形式如下：

$$P(SOEinvention_{i,t} = k \mid u_{i,t},\delta) = \frac{\Gamma(\delta + k)}{\Gamma(\delta)\Gamma(k+1)}\left(\frac{\delta}{\delta + u_{i,t}}\right)^{\delta}\left(\frac{u_{i,t}}{u_{i,t} + \delta}\right)^{k}$$

$$k = 1,2,3\cdots$$

$$\mu_{i,t} = \beta_0 + \beta_1 ENamount_{i,t} + \beta_2 Tobin\ Q_{i,t} + \beta_3 Size_{i,t} + \beta_4 ENage_{i,t} + \beta_5 ROA_{i,t} + \beta_6 Concentration_{i,t} + \varepsilon_{i,t} \quad (4.2)$$

上述公式（4.2）中，$SOEinvention_{i,t}$代表国企 i 在 t 年的发明申请数，其余同公式（4.1）。

检验国有企业以直投模式进行风险投资对被投资企业专利申请总数

的影响时，采用了普通的负二项回归模型，具体形式如下：

$$P(ENpatent_j = k \mid u_j, \delta) = \frac{\Gamma(\delta + k)}{\Gamma(\delta)\Gamma(k+1)} \left(\frac{\delta}{\delta + u_j}\right)^{\delta} \left(\frac{u_j}{u_j + \delta}\right)^{k}$$

$$k = 1, 2, 3 \cdots$$

$$u_j = \beta_0 + \beta_1 SCVC_j + \beta_2 Time_j + \beta_3 SCVC_j \times Time_j + \beta_4 Reputation_j + \beta_5 Experience_j + \beta_6 Status_j + \beta_7 ENage_j + \beta_8 Stage_j + \beta_9 Hightech_j + \varepsilon_j \tag{4.3}$$

上述公式（4.3）中，$ENpatent_j$代表被投资企业j的专利申请总数，$SCVC_j$代表被投资企业j是否得到国有企业直投投资，$Time_j$代表被投资企业j接受风险投资的时间，$SCVC_j \times Times_j$是核心变量，其系数和显著性代表了国企直接投资对被投资企业专利申请总数的净影响，$Reputation_j$代表国企的声誉，$Experience_j$代表国企的投资经验，$Status_j$代表国企的网络地位，$Stage_j$代表被投资企业j所处的发展阶段，$ENage_j$代表被投资企业j的年龄，$Hightech_j$代表被投资企业j是否处于高科技行业，β_0至β_{10}为待估系数，ε_j代表随机误差项。

检验国有企业以直投模式进行风险投资对被投资企业发明申请数的影响时，模型具体形式如下：

$$P(ENinvention = k \mid u, \delta) = \frac{\Gamma(\delta + k)}{\Gamma(\delta)\Gamma(k+1)} \left(\frac{\delta}{\delta + u}\right)^{\delta} \left(\frac{u}{u + \delta}\right)^{k}$$

$$k = 1, 2, 3 \cdots$$

$$u_j = \beta_0 + \beta_1 SCVC_j + \beta_2 Time_j + \beta_3 SCVC_j \times Time_j + \beta_4 Reputation_j + \beta_5 Experience_j + \beta_6 Status_j + \beta_7 ENage_j + \beta_8 Stage_j + \beta_9 Hightech_j + \varepsilon_j \tag{4.4}$$

上述公式（4.4）中，$ENpatent_j$代表被投资企业j的发明申请数，其余同公式（4.3）。

本章对分类影响的检验按照分类变量对样本进行拆分，针对拆分后的样本，逐个进行回归分析，通过这样检验得到的结果可以判断不同情境下创新效应是否都存在。如果不同情境下，创新效应都不存在或者只有一种情境下存在，则无须再对不同情境下的创新效应进行比较。如果两种情境下创新效应都存在，那么继续在全部样本中加入分类变量和自变量的乘积项，借此来比较两种情境下创新效应的大小。

模型的描述性统计与相关性

（1）描述性统计

为防止异常值对研究结论的影响，本部分对所有连续变量进行1%缩尾处理。

表4-1展示了用于检验国企以直投模式参与风投对自身创新影响的变量描述性统计结果。被解释变量——国企专利申请总数的均值为17.387，说明样本中国有企业每年专利申请且最终得到授权的数量为17.387个（略大于LP模式下样本国企专利申请总数）。发明申请数的均值为6.294，说明国有企业每年发明申请且最终得到授权的数量为6.294个（略小于LP模式下样本国企发明申请数量）。发明申请约占专利申请的36.2%。专利申请总数的标准差为44.991，发明申请数的标准差为14.385，均远大于其均值，印证了采用负二项回归模型而不采用泊松回归模型的合理性。国有企业平均每年直投投资的创业企业数量为1.751个，这一数据比LP模式要小一些。分类变量和控制变量见表4-1，此处不再赘述。

表 4-1　描述性统计（国企通过直投模式参与风投对自身创新影响使用的变量）

变量	英文简称	观测值	均值	标准差	最小值	最大值
A 被解释变量：						
国企专利申请总数	*SOEpatent*	1832	17.387	44.991	0.000	318.000
国企发明申请数	*SOEinvention*	1832	6.294	14.385	0.000	128.000
B 解释变量：						
国企以直投模式投资的创业企业数量	*ENamount*	1832	1.751	6.649	0.000	29.000
C 控制变量：						
企业价值	*TobinQ*	1832	1.676	1.983	0.208	13.416
企业规模	*Size*	1832	5.931	9.362	0.065	42.295
国企年龄	*SOEage*	1832	16.874	5.873	5.000	29.000
盈利能力	*ROA*	1832	0.039	0.039	-0.101	0.239
股权集中度	*Concentration*	1832	0.122	0.100	0.013	0.489
D 分类变量：						
地理邻近性	*Proximity*	1678	0.500	0.500	0.000	1.000
技术契合	*Fit*	1678	0.500	0.500	0.000	1.000

表 4-2 展示了用于检验国企以直投模式参与风投对被投资企业创新影响的变量描述性统计结果。被解释变量——被投资企业专利申请总数的均值为 10.384，说明样本中被投资企业每年专利申请的数量为 10.384 个（比 LP 模式下被投资企业专利申请数量多了 1.842 个），发明申请数的均值为 2.995，说明被投资企业每年发明申请的数量为 2.995 个（略多于 LP 模式下被投资企业发明申请数量）。从标准差看，两者都远大于均值，同样为采用负二项回归模型的合理性提供了支持。国企风投支持的企业占样本的 34.8%，数量约为 556 家，独立风险投资

支持的企业占比65.2%，数量约为1040家，共计1596个样本（每个样本有处理前和处理后两期观测值）。从被投资企业股权性质看，5.7%被投资企业具有国有背景（91家），94.3%不具有国有背景（1505家）。按国企行政级别分，35.6%为央企和国家部委直接所有（198家），64.4%为省属国企或市属国企（358家）。从国企和被投资企业技术契合程度看，有342组属于同一行业（35.6%），214组不属于同一行业（61.5%）。由于经过了数据处理（详见本章“自变量”部分），高失败容忍和低失败容忍度的国企数量各占一半（194家）[①]。其他控制变量见表4－2，此处不再赘述。

表4－2　描述性统计（国企通过直投模式参与风投对被投资企业创新影响使用的变量）

变量	英文简称	观测值	均值	标准差	最小值	最大值
A 被解释变量：						
被投资企业专利申请总数	*ENpatent*	3192	10.384	21.333	0.000	273.000
被投资企业发明申请数	*ENinvention*	3192	2.995	4.264	0.000	87.000
B 解释变量：						
国企以直投模式投资的创业企业	*SCVC*	3192	0.348	0.476	0.000	1.000
时间	*Time*	3192	0.500	0.500	0.000	1.000
交叉乘积项	*SCVC* × *Time*	3192	0.174	0.379	0.000	1.000
C 控制变量：						
风投机构声誉	*Reputation*	3192	2.087	2.054	0.000	76.000
风投机构投资经验	*Experience*	3192	23.563	34.384	0.000	449.000
风投机构网络地位	*Status*	3192	2.075	5.852	0.000	66.432

① 可以计算得到失败容忍度的国企共计388家。

续表

变量	英文简称	观测值	均值	标准差	最小值	最大值
被投资企业年龄	*ENage*	3192	6.452	7.041	0.000	18.000
被投资企业发展阶段	*Stage*	3192	0.276	0.447	0.000	1.000
高科技行业	*Hightech*	3192	0.357	0.479	0.000	1.000
D 分类变量：						
国企失败容忍度	*Tolerance*	776	0.500	0.500	0.000	1.000
被投资企业股权性质	*Gov*	3192	0.057	0.232	0.000	1.000
国企行政级别	*Hierarchy*	1112	0.356	0.479	0.000	1.000
技术契合	*Fit*	1112	0.615	0.487	0.000	1.000

（2）变量相关性

表 4－3 和表 4－4 给出了直投模式下，实证检验所用变量的 Pearson 相关矩阵。由于表格过大，页面无法容纳，所以采用简写字母来代替原有变量。从表 4－3 和表 4－4 中可以看到，自变量和控制变量之间相关系数均在 0.7 以下，初步说明变量之间不存在严重共线性问题。本章还对变量之间的多重共线性问题进行了更加严格的检验，检验结果发现没有变量的方差膨胀因子（VIF）超过 10，这说明选取的变量不存在严重的多重共线性问题。

表 4－3 中，核心变量国企以直投模式投资的创业企业数量（*ENamount*）和国企专利申请总数（*SOEpatent*）、国企发明申请总数（*SOEinvention*）均呈显著正相关关系，相关系数分别为 0.143 和 0.145。表 4－4 中，国企以直投模式投资的创业企业（*SCVC*）和被投资企业专利申请总数（*ENpatent*）、被投资企业发明申请总数（*ENinvention*）同样均呈显著正相关关系，相关系数分别为 0.098 和 0.063。以上结果初步阐明了直投模式下，国企参与风险投资对自身以及被投资企业创新的影响。

表 4-3 **Pearson 相关矩阵（国企通过直投模式参与风投对自身创新影响使用的变量）**

变量	1	2	3	4	5	6	7	8	9	10
1. *SOEpatent*	1									
2. *SOEinvention*	0.663***	1								
3. *ENamount*	0.143***	0.145***	1							
4. *TobinQ*	0.043*	0.056**	0.104***	1						
5. *Size*	0.234***	0.211***	0.209***	0.173***	1					
6. *SOEage*	0.037	-0.008	0.010	0.133***	0.239***	1				
7. *ROA*	0.088***	0.055**	0.067***	0.045*	-0.056**	-0.043*	1			
8. *Concentration*	-0.029	-0.028	0.004	0.065***	-0.093***	-0.068***	-0.200***	1		
9. *Proximity*	0.079***	0.071***	0.042*	-0.031	0.018	0.110***	-0.035	0.057**	1	
10. *Fit*	0.088***	0.067***	-0.010	-0.011	-0.007	-0.002	0.133***	-0.057**	0.007	1

注：***、**、*分别表示在1%、5%、10%的显著性水平上显著；表中数据四舍五入保留三位小数。

表 4-4　　Pearson 相关矩阵（国企通过直投模式参与风投对被投资企业创新影响使用的变量）

变量	1	2	3	4	5	6	7	8	9	10	11	12	13	14
1. *ENpatent*	1													
2. *ENinvention*	0.553***	1												
3. *SCVC*	0.098***	0.063***	1											
4. *Time*	0.341***	0.391***	0.000	1										
5. *Reputation*	0.178***	0.077**	-0.146***	0.431***	1									
6. *Experience*	0.109***	0.099***	-0.223***	0.428***	0.234***	1								
7. *Status*	0.055***	0.063***	-0.078***	0.438***	0.222***	0.341***	1							
8. *ENage*	0.040**	0.059***	0.023	0.398***	0.037**	0.045**	0.017	1						
9. *Stage*	-0.030*	-0.022	-0.033*	-0.234***	0.004	-0.002	0.021	-0.232***	1					
10. *Hightech*	0.175***	0.200***	0.038**	0.000	-0.049***	-0.056***	-0.039**	0.004	0.044**	1				
11. *Tolerance*	0.096***	0.110***	0.166***	0.158***	0.078***	0.015	0.090***	0.003	0.005	-0.018	1			
12. *Gov*	0.038**	-0.042**	0.009	-0.000	0.003	0.009	0.004	-0.075***	0.076***	0.147***	0.003	1		
13. *Hierarchy*	0.003	-0.002	0.021	0.000	0.099***	0.098***	0.101***	0.008	0.010	-0.005	0.019	0.005	1	
14. *Fit*	0.053***	0.610***	0.176***	0.000	0.123***	0.203***	0.197***	0.003	-0.007	0.112***	0.017	-0.002	0.333	1

注：***、**、*分别表示在1%、5%、10%的显著性水平上显著；表中数据四舍五入保留三位小数。

4.4 国有企业以直投模式参与风险投资的实证检验

检验国企参与风险投资对自身创新的影响

(1) 总体影响的检验结果

在回归分析之前，首先利用豪斯曼检验（Hausman test）判断应当选择随机效应模型还是固定效应模型。豪斯曼检验的结果不拒绝原假设，故采用随机效应模型。

表4-5展示了直投模式下，国企参与风险投资对其自身创新的总体影响。负二项回归模型的估计结果显示：当模型被解释变量为专利申请总数时，*ENamount* 这一变量的系数为0.553，且在1%的水平上显著，说明国企直接投资的创业企业数量越多，专利申请总数越多；当模型被解释变量为发明申请数时，*ENamount* 这一变量的系数为0.444，且同样在1%的水平上显著，说明国企直接投资的创业企业数量越多，发明申请数越多。以上检验结果共同表明，从总体上看，国企以直投模式参与风险投资能够促进其自身创新，假设11得到支持。

从控制变量看，企业价值（*TobinQ*）对专利申请总数和发明申请数有显著负向影响，说明国企的企业价值越小，创新产出越高。这一结果与常规逻辑相背，可能的解释可以参考上文LP模式研究中的对应部分。企业规模（*Size*）对专利申请总数和发明申请数有显著正向影响，

表 4－5　　直投模式下国企参与风投对自身创新的总体影响

变量	专利申请数		发明申请数	
	系数	标准误	系数	标准误
ENamount	0. 553***	0. 187	0. 444***	0. 153
TobinQ	－0. 117**	0. 051	－0. 221***	0. 084
Size	0. 045**	0. 022	0. 019***	0. 006
SOEage	－0. 088**	0. 040	－0. 083	0. 059
ROA	0. 339***	0. 114	0. 384***	0. 123
Concentration	－0. 037	0. 045	0. 009	0. 007
Constant	0. 946**	0. 394	1. 047***	0. 338
Log likelihood	－4646. 000		－3672. 3806	
N	1832		1832	

注：***、** 分别表示在 1%、5% 的水平上显著；表中数据四舍五入保留三位小数。

说明国企的企业规模越大，创新产出越高。企业盈利能力（*ROA*）对专利申请总数和发明申请数有显著正向影响，说明国企的盈利能力越强，创新产出越高。当然，从逻辑上讲，企业规模和创新，以及盈利能力和创新之间均不排除存在反向因果关系。企业股权集中度（*Concentration*）对专利申请总数和发明申请数均没有显著影响，说明国企股权集中度不会影响创新产出，这一结果和 LP 模式存在差异，在一定程度上反映了股权集中度对企业创新的影响并不稳健。国企的年龄（*SOEage*）对自身专利申请总数和发明申请数的影响不统一，但整体偏负面影响。

（2）分类影响的检验结果

表 4－6 展示了国企和被投资企业地理邻近性不同时，国企以直投

模式参与风险投资对其自身创新的影响。负二项回归模型的估计结果显示：当国企和被投资企业地理邻近性较高时，无论被解释变量是专利申请总数还是发明申请数，*ENamount* 这一变量的系数均为正数，且分别在1%和10%的水平上显著，这说明高地理邻近性情况下，国企以直投模式参与风险投资能够促进自身创新。当国企和被投资企业地理邻近性较低时，无论被解释变量是专利申请总数还是发明申请数，*ENamount* 这一变量的系数均为正数，且在5%和1%的水平上显著，这说明低地理邻近性情况下，国企以直投模式参与风险投资依旧能够促进自身创新。

表4－6　　直投模式下国企和被投资企业地理邻近性的作用

变量	地理邻近性高		地理邻近性低		地理邻近性高低的比较	
	专利申请数	发明申请数	专利申请数	发明申请数	专利申请数	发明申请数
ENamount	0.837***	0.311*	0.329**	0.496***	0.465***	0.378**
	(0.231)	(0.179)	(0.155)	(0.103)	(0.169)	(0.187)
Proximity	—	—	—	—	0.098**	0.097**
					(0.041)	(0.043)
ENamount × *Proximity*	—	—	—	—	0.150**	0.138***
					(0.063)	(0.039)
TobinQ	-0.115**	-0.178***	-0.144***	-0.207**	-0.119***	-0.140***
	(0.053)	(0.059)	(0.054)	(0.100)	(0.051)	(0.047)
Size	0.048***	0.060***	0.076*	0.002**	0.630***	0.017**
	(0.017)	(0.020)	(0.043)	(0.001)	(0.021)	(0.008)
SOEage	-0.285**	0.102	0.102*	-0.082	-0.078**	-0.094
	(0.128)	(0.097)	(0.059)	(0.059)	(0.038)	(0.096)
ROA	0.338**	0.094***	0.409***	0.642*	0.317***	0.284***
	(0.155)	(0.033)	(0.144)	(0.375)	(0.119)	(0.102)

续表

变量	地理邻近性高		地理邻近性低		地理邻近性高低的比较	
	专利申请数	发明申请数	专利申请数	发明申请数	专利申请数	发明申请数
Concentration	-0.082 (0.063)	0.002 (0.002)	-0.016 (0.013)	-0.006 (0.005)	-0.022 (0.016)	0.000 (0.000)
Constant	0.663** (0.300)	1.118*** (0.359)	1.442 (0.099)	3.072*** (0.088)	0.817* (0.420)	1.037*** (0.038)
Log likelihood	-2280.962	-1751.641	-2482.242	-1924.075	-4445.265	-3471.833
N	839	839	839	839	1678	1678

注：***、**、*分别表示在1%、5%、10%的水平上显著；表中数据四舍五入保留三位小数；括号内为标准误。

上文检验发现，无论国企和被投资企业地理邻近性是高或是低，国企以直投模式参与风险投资都可以促进自身创新。那么，哪一种情境下创新效应更大呢？从技术角度看，拆分样本研究可以识别不同地理邻近性下是否都存在创新效应，但是无法在同时存在创新效应的情况下跨回归模型比较创新效应的大小。想要得到上述问题的答案，需要将两组样本合并，然后将地理邻近性（*Proximity*）、地理邻近性和投资创业企业数的乘积项（$ENamount \times Proximity$）加入回归模型。地理邻近性和投资创业企业数的乘积项（$ENamount \times Proximity$）为核心变量，其系数和显著性代表了不同情境下创新效应的差异。

按照这一检验思路，表4-6最右侧展示了地理邻近性不同时，国企以直投模式参与风险投资对自身创新影响的比较。负二项回归模型的估计结果显示：无论被解释变量是专利申请总数还是发明申请数，核心变量 $ENamount \times Proximity$ 均显著为正，这说明相对于投资低地理邻近性的创业企业，国企直接投资高地理邻近性的企业对自身创新的促进作用更强。以上结果支持了假设12，也进一步支持了信息直接泄露机制成立的说服力。

表4－7展示了国企和被投资企业技术契合程度不同时，国企以直投模式参与风险投资对其自身创新的影响。负二项回归模型的估计结果显示：当国企和被投资企业技术契合程度较高时，无论被解释变量是专利申请总数还是发明申请数，*ENamount* 这一变量的系数均显著为正，这说明高技术契合情况下，国企以直投模式参与风险投资能够促进自身创新。当国企和被投资企业技术契合程度较低时，无论被解释变量是专利申请总数还是发明申请数，*ENamount* 这一变量的系数均显著为正，这说明低技术契合情况下，国企以直投模式参与风险投资依旧能够促进自身创新。

表4－7　　直投模式下国企和被投资企业技术契合程度的作用

变量	技术契合度高		技术契合度低		技术契合度高低的比较	
	专利申请数	发明申请数	专利申请数	发明申请数	专利申请数	发明申请数
ENamount	0.533*** (0.177)	0.445*** (0.116)	0.508** (0.224)	0.397** (0.180)	0.510*** (0.146)	0.398*** (0.150)
Fit	—	—	—	—	0.064*** (0.019)	0.103** (0.061)
ENamount × *Fit*	—	—	—	—	0.022 (0.017)	0.047 (0.034)
TobinQ	−0.293 (0.188)	−0.227*** (0.083)	−0.066*** (0.012)	−0.223*** (0.081)	−0.117** (0.051)	−0.173** (0.084)
Size	0.005*** (0.002)	0.009*** (0.003)	0.076* (0.042)	0.045*** (0.017)	0.073*** (0.025)	0.041*** (0.012)

续表

变量	技术契合度高		技术契合度低		技术契合度高低的比较	
	专利申请数	发明申请数	专利申请数	发明申请数	专利申请数	发明申请数
SOEage	-0.066 (0.053)	-0.204 (0.166)	-0.103*** (0.025)	-0.013* (0.007)	-0.077* (0.040)	-0.083 (0.059)
ROA	0.368*** (0.129)	0.200** (0.099)	0.243*** (0.079)	0.557*** (0.174)	0.433*** (0.124)	0.398*** (0.123)
Concentration	-0.008 (0.006)	0.028 (0.033)	-0.055 (0.043)	-0.002 (0.0002)	-0.042 (0.046)	0.009 (0.007)
Constant	0.576** (0.249)	5.042*** (1.467)	1.789*** (0.663)	-0.044*** (0.013)	0.948** (0.397)	1.129*** (0.338)
Log likelihood	-2005.462	-1404.423	-2827.620	-2408.268	-5001.068	-3794.876
N	839	839	839	839	1678	1678

注：***、**、*分别表示在1%、5%、10%的水平上显著；表中数据四舍五入保留三位小数；括号内为标准误。

接下来，沿袭前文思路将两组样本合并，并在回归模型中加入技术契合程度（*Fit*）、技术契合程度和投资创业企业数的乘积项（*ENamount*×*Fit*），用以比较国企和被投资企业技术契合程度不同时，国企以直投模式参与风险投资对自身创新影响的大小。表4-7最右侧的估计结果显示：无论被解释变量是专利申请总数还是发明申请数，核心变量*ENamount*×*Fit*均不显著。综合以上结果可以看出，国企以直投模式进行风险投资对被投资企业创新的促进作用不会因为双方技术契合程度不同而发生变化。以上结果不支持假设13，但支持假设14。

检验国企参与风险投资对被投资企业创新的影响

(1)总体影响的检验结果

表4-8展示了直投模式下，国企参与风险投资对被投资企业创新的总体影响。负二项回归模型的估计结果显示：当模型被解释变量为专利申请总数时，*SCVC* 这一变量的系数为0.331，且在10%的水平上显著，*Time* 这一变量的系数为0.134，且在1%的水平上显著。核心变量 *SCVC* × *Time* 代表了国企以直投模式参与风险投资对被投资企业的净影响，其系数为0.030，且在1%的水平上显著，说明国企直接投资能提升被投资企业专利申请总数。当模型的被解释变量为发明申请数时，*SCVC* 这一变量的系数为0.294，且在1%的水平上显著，*Time* 这一变量的系数为0.108，也在1%的水平上显著。核心变量 *SCVC* × *Time* 的系数为0.038，且在5%的水平上显著，说明国企直接投资能提升被投资企业发明申请的数量。以上检验结果共同表明，相对于独立风投，国企以直投模式参与风险投资可以对被投资企业创新产生促进作用，因此假设15得到支持。

表4-8　直投模式下国企参与风投对被投资企业创新的总体影响

变量	专利申请数		发明申请数	
	系数	标准误	系数	标准误
SCVC	0.331*	0.181	0.294***	0.111
Time	0.134***	0.038	0.108***	0.033
SCVC × *Time*	0.030***	0.009	0.038**	0.017
Reputation	0.018***	0.005	0.019***	0.007

续表

变量	专利申请数		发明申请数	
	系数	标准误	系数	标准误
Experience	0.127	0.080	0.211	0.150
Status	0.203***	0.076	0.115**	0.052
ENage	-0.008	0.006	0.019	0.013
Stage	-0.022***	0.008	-0.008*	0.005
Hightech	0.067***	0.013	0.048***	0.017
Constant	2.037	1.629	3.472**	1.472
Province effect	YES		YES	
Log likelihood	-13264.234		-10639.381	
N	3192		3192	

注：***、**、*分别表示在1%、5%、10%的水平上显著；表中数据四舍五入保留三位小数；括号内为标准误。

从控制变量看，国企声誉（*Reputation*）对专利申请总数和发明申请数有显著正向影响，说明国企声誉越高，被投资企业的创新产出越高。国企网络地位（*Status*）对专利申请总数和发明申请数有显著正向影响，说明国企网络地位越高，被投资企业的创新产出越高。被投资企业发展阶段（*Stage*）对专利申请总数和发明申请数有显著负向影响，说明相对于早期阶段的被投资企业，中后期的被投资企业具有更好创新产出。高科技行业（*Hightech*）对专利申请总数和发明申请数有显著正向影响，说明相对于非高科技行业的被投资企业，高科技行业的被投资企业具有较好的创新产出。除此以外，被投资企业的年龄（*ENage*）和国企的投资经验（*Experience*）不会影响创新产出。

（2）分类影响的检验结果

表4-9展示了国企失败容忍度不同时，国企以直投模式参与风险投资对被投资企业创新的影响。由于部分国企和风投机构的失败容忍度数据缺失，所以样本有所减少。负二项回归模型的估计结果显示：当国企具有较高失败容忍度时，无论被解释变量是专利申请总数还是发明申请数，核心变量 *SCVC × Time* 的系数均显著为正。当国企具有较低失败容忍度时，无论被解释变量是专利申请总数还是发明申请数，核心变量 *SCVC × Time* 的系数也均显著为正。综合以上结果可以看出，无论国企的失败容忍程度是高还是低，相对于独立风投方式，国企以直投模式进行风险投资都可以对被投资企业创新产生促进作用。

表4-9　直投模式下国企失败容忍度的作用

变量	失败容忍度高		失败容忍低		失败容忍度高低的比较	
	专利申请数	发明申请数	专利申请数	发明申请数	专利申请数	发明申请数
SCVC	0.332 (0.251)	0.321* (0.187)	0.240** (0.103)	0.087*** (0.028)	0.241** (0.096)	0.124 (0.085)
Time	0.110*** (0.038)	0.158*** (0.053)	0.238*** (0.059)	0.160** (0.067)	0.147*** (0.035)	0.159*** (0.044)
SCVC × Time	0.045*** (0.017)	0.042** (0.019)	0.032*** (0.010)	0.038*** (0.014)	0.033* (0.019)	0.037*** (0.013)
Tolerance	—	—	—	—	0.003 (0.002)	-0.002 (0.001)
Time × Tolerance	—	—	—	—	0.011 (0.008)	0.016** (0.008)
SCVC × Tolerance	—	—	—	—	-0.007 (0.005)	0.011 (0.009)

续表

变量	失败容忍度高		失败容忍低		失败容忍度高低的比较	
	专利申请数	发明申请数	专利申请数	发明申请数	专利申请数	发明申请数
SCVC × Time × Tolerance	—	—	—	—	0.012** (0.006)	0.005*** (0.002)
Reputation	0.010*** (0.003)	0.008** (0.004)	0.401*** (0.132)	0.032*** (0.008)	0.011** (0.005)	0.018*** (0.006)
Experience	0.099 (0.068)	0.332 (0.267)	0.221 (0.198)	−0.008 (0.006)	0.137 (0.100)	0.201 (0.130)
Status	0.441*** (0.139)	0.331** (0.162)	0.141*** (0.050)	0.105*** (0.031)	0.210*** (0.075)	0.113** (0.052)
ENage	−0.003 (0.002)	0.022 (0.015)	−0.017 (0.012)	0.003 (0.003)	−0.008 (0.006)	0.019* (0.011)
Stage	−0.021*** (0.007)	−0.037* (0.019)	−0.057** (0.026)	0.000 (0.000)	−0.022*** (0.008)	−0.008 (0.005)
Hightech	0.532*** (0.099)	0.088*** (0.033)	0.008* (0.005)	0.041*** (0.014)	0.030*** (0.010)	0.043** (0.018)
Constant	3.461 (2.881)	2.364* (1.401)	1.863 (1.475)	4.583** (2.129)	1.877 (1.599)	2.993** (1.345)
Province effect	YES	YES	YES	YES	YES	YES
Log likelihood	−4421.232	−3570.262	−4756.598	−3995.873	−9241.697	−8691.322
N	1052	1052	1116	1116	2168	2168

注：***、**、*分别表示在1%、5%、10%的水平上显著；表中数据四舍五入保留三位小数；括号内为标准误。

那么，究竟国企失败容忍度高时创新效应更大还是失败容忍度低时创新效应更大呢？从技术角度看，拆分样本研究只能识别不同失败容忍度下是否都存在创新效应，但无法在同时存在创新效应的情况下跨回归模型比较创新效应的大小。想要得到上述问题的答案，需要借鉴三重差分的思想（任胜钢等，2019）[232]，将两组样本合并，然后再将失败容忍度（*Tolerance*）、国有企业投资和失败容忍度的乘积项（$SCVC \times Tolerance$）、时间和失败容忍度的乘积项（$Time \times Tolerance$），国有企业投资时间和失败容忍度的三重乘积项（$SCVC \times Time \times Tolerance$）加入回归模型。国有企业投资、时间和 *Tolerance* 的三重乘积项（$SCVC \times Time \times Tolerance$）为核心变量，其系数和显著性代表了不同情境下被投资企业创新效应的差异。

表4－9最右侧展示的负二项回归模型估计结果显示：无论被解释变量是专利申请总数还是发明申请数，核心变量 $SCVC \times Time \times Tolerance$ 的系数显著为正。综合以上结果可以看出，相对于低失败容忍度的国企，高失败容忍度的国企通过直投模式对被投资企业投资产生的创新促进作用更强。这一结果支持了假设16，也为失败容忍机制提供了进一步证据。

表4－10展示了被投资企业股权性质不同时，国企以直投模式参与风险投资对被投资企业创新的影响。负二项回归模型的估计结果显示：当被投资企业具有国有背景时，无论被解释变量是专利申请总数还是发明申请数，核心变量 $SCVC \times Time$ 的系数均显著为正。当被投资企业不具有国有背景时，无论被解释变量是专利申请总数还是发明申请数，核心变量 $SCVC \times Time$ 的系数也均显著为正。综合以上结果可以看出，无论被投资企业是否具有国有背景，相对于独立风投模式，国企以直投模式进行风险投资都可以对被投资企业创新产生促进作用。

表 4－10　　直投模式下被投资企业股权性质的作用

变量	国有背景		非国有背景		被投资企业股权性质的比较	
	专利申请数	发明申请数	专利申请数	发明申请数	专利申请数	发明申请数
SCVC	0. 112** (0. 051)	0. 209*** (0. 071)	0. 388 (0. 279)	0. 490*** (0. 173)	0. 286 (0. 198)	0. 264** (0. 125)
Time	0. 088*** (0. 032)	0. 118*** (0. 039)	0. 154*** (0. 054)	0. 110*** (0. 041)	0. 134*** (0. 046)	0. 155*** (0. 058)
SCVC × Time	0. 029** (0. 013)	0. 039** (0. 018)	0. 040*** (0. 014)	0. 045*** (0. 013)	0. 041** (0. 019)	0. 045*** (0. 016)
Gov	—	—	—	—	-0. 011 (0. 007)	-0. 023 (0. 016)
Time × Gov	—	—	—	—	0. 007*** (0. 002)	0. 006** (0. 003)
SCVC × Gov	—	—	—	—	-0. 009 (0. 007)	-0. 010 (0. 007)
SCVC × Time × Gov	—	—	—	—	-0. 011*** (0. 005)	-0. 006** (0. 003)
Reputation	0. 033*** (0. 010)	0. 036*** (0. 013)	0. 014*** (0. 005)	0. 010** (0. 005)	0. 019*** (0. 005)	0. 019** (0. 008)
Experience	0. 143 (0. 109)	0. 340 (0. 289)	-0. 032 (0. 033)	0. 077 (0. 056)	0. 127 (0. 081)	0. 213 (0. 149)
Status	0. 109*** (0039)	0. 132*** (0. 045)	0. 328** (0. 153)	0. 121 (0. 087)	0. 203*** (0. 075)	0. 105** (0. 053)
ENage	-0. 014 (0. 009)	0. 022 (0. 017)	-0. 001 (0. 001)	0. 065 (0. 055)	0. 007 (0. 005)	0. 018 (0. 012)
Stage	-0. 120*** (0. 041)	-0. 008* (0. 005)	-0. 010*** (0. 004)	0. 007** (0. 003)	-0. 018** (0. 008)	-0. 012** (0. 006)

续表

变量	国有背景		非国有背景		被投资企业股权性质的比较	
	专利申请数	发明申请数	专利申请数	发明申请数	专利申请数	发明申请数
Hightech	0.029*** (0.011)	0.098*** (0.036)	0.111** (0.049)	0.023*** (0.008)	0.086*** (0.030)	0.049*** (0.015)
Constant	1.037 (0.697)	2.759* (1.598)	3.559* (2.001)	3.980*** (1.328)	2.206 (1.538)	3.001** (1.470)
Province effect	YES	YES	YES	YES	YES	YES
Log likelihood	-1392.722	-1153.008	-11808.925	-9429.080	-13239.077	-10620.656
N	300	300	2892	2892	3192	3192

注：***、**、*分别表示在1%、5%、10%的水平上显著；表中数据四舍五入保留三位小数；括号内为标准误。

那么，究竟被投资企业具有国有背景时创新效应更大还是不具有国有背景时创新效应更大呢？沿袭上文思路，本部分将两组样本合并，并在回归模型中加入了被投资企业股权性质（*Gov*）、国有企业投资和股权性质的乘积项（*SCVC* × *Gov*）、时间和股权性质的乘积项（*Time* × *Gov*）、国有企业投资、时间和股权性质的三重乘积项（*SCVC* × *Time* × *Gov*）。

表4-10最右侧展示的负二项回归模型估计结果显示：无论被解释变量是专利申请总数还是发明申请数，核心变量 *SCVC* × *Time* × *Gov* 的系数均显著为负。综合以上结果可以看出，相对于投资国有背景的创业企业，国企直接投资非国有背景的创业企业产生的创新促进更强。这一结果支持假设17。

表4-11展示了国企行政级别不同时，国企以直投模式参与风险投

资对被投资企业创新的影响。负二项回归模型的估计结果显示：当国企行政级别较高时，无论被解释变量是专利申请总数还是发明申请数，核心变量 $SCVC \times Time$ 的系数均显著为正。当国企行政级别较低时，无论被解释变量是专利申请总数还是发明申请数，核心变量 $SCVC \times Time$ 的系数也均显著为正。综合以上结果可以看出，无论国企行政级别高低，相对于独立风投模式，国企以直投模式进行风险投资都可以对被投资企业创新产生促进作用。

表 4 - 11　　直投模式下国企行政级别的作用

变量	行政级别高		行政级别低		行政级别高低的比较	
	专利申请数	发明申请数	专利申请数	发明申请数	专利申请数	发明申请数
SCVC	0.123 (0.079)	0.059 (0.045)	0.323* (0.171)	0.473** (0.201)	0.300 (0.191)	0.229** (0.111)
Time	0.112*** (0.037)	0.099** (0.047)	0.273*** (0.087)	0.270*** (0.091)	0.173*** (0.035)	0.136*** (0.044)
SCVC × *Time*	0.055** (0.024)	0.037** (0.015)	0.015*** (0.005)	0.038* (0.023)	0.014*** (0.005)	0.039** (0.018)
Hierarchy	—	—	—	—	-0.060 (0.048)	-0.034 (0.033)
Time × *Hierarchy*	—	—	—	—	-0.007* (0.004)	0.004*** (0.002)
SCVC × *Hierarchy*	—	—	—	—	0.074*** (0.027)	0.065* (0.038)
SCVC × *Time* × *Hierarchy*	—	—	—	—	0.041** (0.019)	0.002** (0.001)
Reputation	0.044*** (0.017)	0.046*** (0.017)	0.015** (0.007)	0.007*** (0.002)	0.017*** (0.005)	0.016** (0.007)

续表

变量	行政级别高		行政级别低		行政级别高低的比较	
	专利申请数	发明申请数	专利申请数	发明申请数	专利申请数	发明申请数
Experience	0.096 (0.083)	0.145 (0.147)	0.221 (0.187)	0.499 (0.401)	0.094 (0.088)	0.177 (0.137)
Status	0.192** (0.087)	0.029* (0.017)	0.273*** (0.082)	0.413*** (0.139)	0.251*** (0.075)	0.089** (0.044)
ENage	-0.005 (0.003)	0.005 (0.004)	-0.009* (0.005)	0.032 (0.025)	-0.007 (0.005)	0.012 (0.009)
Stage	-0.872*** (0.254)	-0.006*** (0.002)	0.221** (0.106)	-0.007 (0.006)	-0.023*** (0.008)	-0.008* (0.006)
Hightech	0.033*** (0.009)	0.003*** (0.001)	0.087* (0.058)	0.134*** (0.043)	0.061*** (0.020)	0.041*** (0.013)
Constant	1.152 (0.740)	2.444** (1.018)	3.456* (1.911)	3.774*** (1.239)	2.300 (1.537)	3.863*** (1.455)
Province effect	YES	YES	YES	YES	YES	YES
Log likelihood	-4767.299	-3837.752	-8485.647	-6788.839	-13242.348	-10622.472
N	1152	1152	2040	2040	3192	3192

注：***、**、*分别表示在1%、5%、10%的水平上显著；表中数据四舍五入保留三位小数；括号内为标准误。

那么，究竟高行政级别的国企对被投资企业创新的促进作用更大还是低行政级别的国企的促进作用更大呢？沿袭上文思路，本部分将两组样本合并，并在回归模型中加入了行政级别（*Hierarchy*）、国有企业投资和行政级别的乘积项（*SCVC* × *Hierarchy*）、时间和行政级别的乘积项（*Time* × *Hierarchy*）、国有企业投资、时间和行政级别的三重乘积项（*SCVC* × *Time* × *Hierarchy*）。

表4－11最右侧展示的负二项回归模型估计结果显示：无论被解释变量是专利申请总数还是发明申请数，核心变量 $SCVC \times Time \times Hierarchy$ 的系数显著为正。综合以上结果可以看出，相对于低行政级别的国企，高行政级别的国企直接投资对被投资企业创新的促进作用更强。这一结果支持了假设18。

综上所述，假设17和假设18都是针对政治关联机制的进一步检验且都得到了支持，所以“直投模式下存在政治关联机制”这一观点再次得到了验证。

表4－12展示了国企和被投资企业技术契合程度不同时，国企以直投模式参与风险投资对被投资企业创新的影响。负二项回归模型的估计结果显示：当国企和被投资企业技术契合程度较高时，无论被解释变量是专利申请总数还是发明申请数，核心变量 $SCVC \times Time$ 的系数均显著为正。当国企和被投资企业技术契合程度较低时，无论被解释变量是专利申请总数还是发明申请数，核心变量 $SCVC \times Time$ 的系数也均显著为正。综合以上结果可以看出，无论国企和被投资企业技术契合程度高低，相对于独立风投，国企以直投模式进行风险投资都可以对被投资企业创新产生促进作用。

表4－12　直投模式下国企和被投资企业技术契合程度的作用

变量	技术契合度高		技术契合度低		技术契合度高低的比较	
	专利申请数	发明申请数	专利申请数	发明申请数	专利申请数	发明申请数
SCVC	0.421***	0.377***	0.207*	0.119***	0.280*	0.265**
	(0.155)	(0.128)	(0.118)	(0.041)	(0.170)	(0.110)
Time	0.084**	0.091***	0.302***	0.157***	0.127***	1.005***
	(0.035)	(0.034)	(0.111)	(0.058)	(0.037)	(0.033)

续表

变量	技术契合度高		技术契合度低		技术契合度高低的比较	
	专利申请数	发明申请数	专利申请数	发明申请数	专利申请数	发明申请数
SCVC × Time	0.034** (0.015)	0.049*** (0.018)	0.029*** (0.010)	0.029* (0.016)	0.029*** (0.009)	0.030* (0.017)
Fit	—	—	—	—	0.010** (0.005)	0.022*** (0.007)
Time × Fit	—	—	—	—	-0.002** (0.000)	0.003 (0.002)
SCVC × Fit	—	—	—	—	0.030 (0.022)	0.025 (0.017)
SCVC × Time × Fit	—	—	—	—	0.015** (0.007)	0.019*** (0.006)
Reputation	0.026** (0.013)	0.036*** (0.014)	0.025*** (0.009)	0.017** (0.008)	0.018*** (0.006)	0.016** (0.008)
Experience	0.112 (0.088)	0.103 (0.087)	0.199 (0.139)	0.491 (0.354)	0.086 (0.084)	0.168 (0.137)
Status	0.203*** (0.064)	-0.028 (0.034)	0.205*** (0.078)	0.445*** (0.161)	0.244*** (0.079)	0.088** (0.043)
ENage	-0.014 (0.012)	0.009 (0.008)	-0.022 (0.021)	0.033 (0.023)	-0.011 (0.009)	0.014 (0.011)
Stage	-0.272*** (0.101)	-0.007* (0.005)	-0.004** (0.002)	-0.006 (0.005)	-0.021*** (0.007)	-0.006 (0.004)
Hightech	0.045*** (0.010)	0.011*** (0.004)	0.075** (0.038)	0.083*** (0.035)	0.062*** (0.020)	0.043*** (0.014)
Constant	4.271 (3.572)	3.221*** (1.181)	1.002* (0.530)	5.462** (2.271)	2.213* (1.314)	3.471*** (1.223)
Province effect	YES	YES	YES	YES	YES	YES
Log likelihood	-8223.616	-6551.396	-5031.6716	-4080.074	-13239.743	-10621.025
N	1986	1986	1206	1206	3192	3192

注：***、**、*分别表示在1%、5%、10%的水平上显著；表中数据四舍五入保留三位小数；括号内为标准误。

那么，究竟技术契合程度高时的创新促进作用更大还是技术契合程度低时的创新促进作用更大呢？沿袭上文思路，本部分将两组样本合并，并在回归模型中加入了技术契合程度（Fit）、国有企业投资和行政级别的乘积项（$SCVC \times Fit$）、时间和技术契合程度的乘积项（$Time \times Fit$）、国有企业投资、时间和技术契合程度的三重乘积项（$SCVC \times Time \times Fit$）。

表 4－12 最右侧展示的负二项回归模型估计结果显示：无论被解释变量是专利申请总数还是发明申请数，核心变量 $SCVC \times Time \times Fit$ 的系数均显著为正。综合以上结果可以看出，相对于投资低技术契合的创业企业，国企以直投模式投资高技术契合的企业对被投资企业创新的促进作用更强。这一结果支持假设 19，进一步验证了直投模式下存在资源直接流动机制。

4.5 国有企业以直投模式参与风险投资的稳健性检验

参考 LP 模式研究中的稳健性检验方案，本部分增加了以下检验：

首先，国有企业以直投模式参与风险投资对自身创新的稳健性检验从以下几个方面展开：第一，加入研发投入（R&D）作为控制变量。企业研发投入对创新产出有着直接且重要的影响（Zhou 等，2016）[210]，但由于研发投入数据缺失较为严重，会导致样本量明显下降，所以上文并没有对其进行控制。本部分结合三大国内常用的权威数据库（Wind，

CCER 和 CSMAR），尽可能搜集完整的研发投入数据，并将其进行控制。第二，更换异常值处理方法。本部分对样本数据重新作了 5% 和 10% 两种缩尾处理并重复前文检验过程。第三，调整投资关系的存续期。本部分重新假定投资关系的存续时间为 3 年和 5 年，并计算国企在 $t-5$ 年到 $t-1$ 年以及 $t-3$ 年到 $t-1$ 年这两个时间段内国企直接投资的创业企业数量作为自变量。第四，更换被解释变量测度方法。参考 Wadhwa 等（2016）[65]的研究，本部分从 CSMAR 数据库搜集创新数据，将归属于上市公司及子公司合营联营公司的专利申请总数和发明申请数也一起纳入被解释变量的统计范畴，在此基础上重复文中检验。

从检验结果看，无论是增加控制研发投入的影响，还是更换数据净化方式，或是更改解释变量和被解释变量的测度方法，研究结论均未发生实质性变化。

其次，国有企业以直投模式参与风险投资对被投资企业创新影响的稳健性检验从以下几个方面展开：第一，更改匹配样本选择方法。上文采用一对多匹配方法，本部分换用一对一匹配方法，即针对每个处理组样本，只选取唯一对照组与其对应。具体选取过程参见 LP 模式下相应部分。第二，换用计量经济学模型。针对被解释变量零值较多的现象，本部分将计量模型设定为零膨胀负二项回归模型并重复上文检验。第三，更换异常值处理方法。本部分对所有连续变量作 5% 和 10% 两种缩尾处理并重复上文检验。

从检验结果看，无论是更改样本匹配方法，还是换用其他计量经济学模型，或是更改异常值处理方法，研究结论均未发生实质性变化。

由于本章表格数量较多，稳健性检验的结果不再具体展示。

4.6 直投模式下国企与民企的比较

自身创新的比较

为了比较国企和民企以直投模式进行风险投资对自身创新影响的强弱，本部分重新搜集了 A 股民营上市企业以直投模式参与风险投资的数据，并将其与国企的对应数据组合成为一个新样本（238 个国有企业，465 家民营企业，共计 3791 个观测值）。具体检验过程中，在上文回归模型 4.1 和模型 4.2（即公式 4.1 和公式 4.2）中加入了企业背景（*Background*）和投资创业企业数 × 企业背景（*ENamount* × *Background*）两个变量。母公司为国有企业，则变量 *Background* 取值为 1；母公司为民营企业，则变量 *Background* 取值为 0。

表 4 – 13 的实证检验结果显示：无论被解释变量为专利申请总数还是发明申请数，核心变量 *ENamount* × *Background* 的系数均为负数，且在 5% 的水平上显著，这表明在投资相同数量的创业企业下，民企创新产出的提升幅度高于国企，即相对于国企，民企采用直投模式参与风险投资对自身创新的提升作用更强。

表 4 – 13　直投模式下国企和民企参与风投对自身创新影响的比较

变量	专利申请数		发明申请数	
	系数	标准误	系数	标准误
ENamount	0.105***	0.036	0.203***	0.078

续表

变量	专利申请数		发明申请数	
	系数	标准误	系数	标准误
Background	-0.108	0.097	0.009*	0.005
ENamount × Background	-0.032**	0.011	-0.023**	0.011
Controls	YES		YES	
Log likelihood	-14049.301		-11597.301	
N	3791		3791	

注：***、**、*分别表示在1%、5%、10%的水平上显著；表中数据四舍五入保留三位小数。

被投资企业创新的比较

为了比较国企和民企以直投模式进行风险投资对被投资企业创新影响的强弱，本部分重新搜集了A股民营上市企业以直投模式投资的创业企业样本数据，按照与“国有企业以直投模式参与风险投资的数据与样本”这部分内容同样的匹配条件构建匹配样本，并替换独立风投投资的创业企业，与国企直接投资的创业企业组合成一个新样本（国企投资的创业企业533家，民企投资的创业企业1036家，合计3138个观测值）。计量经济学模型形式保持不变。

表4-14的实证检验结果显示：无论被解释变量为专利申请总数还是发明申请数，核心变量 $SCVC \times Time$ 的系数为负数，分别在10%和1%的水平上显著，这表明在投资相同数量的创业企业条件下，民企对被投资企业创新产出的提升幅度高于国企，即相对于国企，民企直接投资对被投资企业创新的提升作用更强。

表 4 – 14　　直投模式下国企和民企参与风投对被投资企业创新影响的比较

变量	专利申请数		发明申请数	
	系数	标准误	系数	标准误
SCVC	−0.144**	0.082	−0.341*	0.200
Time	0.223***	0.081	0.197***	0.066
SCVC × *Time*	−0.015*	0.009	−0.013***	0.004
Controls	YES		YES	
Log likelihood	−13264.590		−10732.682	
N	3138		3138	

注：***、**、*分别表示在1%、5%、10%的水平上显著；表中数据四舍五入保留三位小数。

本章主要研究了国有企业以直接投资模式参与风险投资产生的创新效应。第一，研究了国企以直投模式参与风险投资对自身创新的总体影响以及这一影响是否会因为国企和被投资企业的地理邻近性、国企和被投资企业的技术契合程度而发生变化。第二，研究了国企以直投模式参与风险投资对被投资企业创新的总体影响以及这一影响是否会因为国企失败容忍度、被投资企业股权性质、国企行政级别、国企和被投资企业的技术契合程度而改变。最后，将国企和民企以直投模式参与风险投资产生的创新效应进行了对比。假设检验的结果汇总如表 4 – 15 所示。

第一，研究结果表明：总体上，国企通过直投模式参与风险投资能显著促进自身创新。从分类结果看，无论国企和被投资企业地理邻近性高低、技术契合程度高低，以上促进作用都显著存在。就不同情境的比较而言，国企和被投资企业地理邻近性较高时，国企通过直投模式参与

表 4－15　　　　本章假设检验结果汇总

作用对象	假设种类	假设编号	假设内容	是否通过
国企创新	总体影响	假设 11	国企通过直投模式参与风险投资能显著提升自身创新	√
	分类影响	假设 12	当国企和被投资企业地理邻近性较高时，国企通过直投模式参与风险投资对自身创新的影响更强	√
		假设 13	当国企和被投资企业技术契合程度较高时，国企通过直投模式参与风险投资对自身创新的影响更强	×
		假设 14	国企采用直投模式参与风险投资对自身创新的影响并不会因双方技术契合程度高低而发生变化	√
被投资企业创新	总体影响	假设 15	与独立风险投资相比，国企采用直投模式参与风险投资更能促进被投资企业创新	√
	分类影响	假设 16	当国企失败容忍度较高时，国企通过直投模式参与风险投资对被投资企业创新的促进作用更强	√
		假设 17	当被投资企业不具有国有背景时，国企通过直投模式参与风险投资对被投资企业创新的促进作用更强	√
		假设 18	当国企行政级别较高时，国企通过直投模式参与风险投资对被投资企业创新的促进作用更强	√
		假设 19	当国企和被投资企业技术契合程度较高时，国企通过直投模式参与风险投资对被投资企业创新的促进作用更强	√

风险投资对自身创新的促进作用明显大于地理邻近性较低时。以上促进作用在双方技术契合程度不同时没有差异。此外，国企通过直投模式参与风险投资对自身创新的促进作用弱于民企。

结合理论分析，本章认为以上实证结果隐含着以下理论含义：

一是国企直接参与风险投资，会跟创业企业建立直接强联系。相比于间接联系，这更加有利于国企通过亲身参与投前尽职调查和投后日常管理，掌握创业企业真实可靠的一手技术信息。二是国企直接参与投后管理需要考虑监管成本问题。当双方地理邻近性较高时，国企进行监管的时间和交通成本较小，可以频繁且深入地参与被投资企业的日常运营，所以能够获得更多被投资企业泄露的技术信息来推动自身创新。三是相比于LP投资模式，直投模式中被投资企业能够明确掌握国企的背景信息。当国企和被投资企业处于相似行业，技术契合程度较高时，被投资企业会建立严格的防御机制来避免技术信息泄露。此时，技术契合带来的吸收能力提升优势会被防御机制带来的信息泄露阻碍作用所抵消。因此，技术契合程度的差异并不能改变创新效应的大小。四是国企以直投模式参与风险投资对自身创新的促进作用弱于民企的原因可能同样在于民企未能掌握足够多稀缺资源，生存环境竞争更加激烈，所以更有动机利用外部被投资企业的新知识去进行创新（Shleifer，1998；Guan 等，2009）[213],[214]。另外，民企的创新能力更强、创新基础更好，对外界知识资源的吸收利用能力更强（Xu 和 Zhang，2008）[215]，也可能导致其能从风险投资活动中获得更多创新收益。

第二，研究结果表明：总体上，相比于独立风投，国企通过直投模式参与风险投资能显著促进被投资企业创新。从分类结果看，无论国企失败容忍度高低、被投资企业是否具有国有背景、国企行政级别高低、双方技术契合程度高低，以上促进作用都显著存在。就不同情境的比较而言，以上促进作用在国企失败容忍度较高时明显强于失败容忍度较低时，在被投资企业具有国有背景时明显弱于非国有背景时，在国企行政级别较高时明显强于行政级别较低时，在双方技术契合程度较高时明显强于技术契合程度较低时。此外，国企通过直投模式参与风险投资对被投资企业创新的促进作用弱于民企。

结合理论分析，本章认为以上实证结果隐含着以下几个方面理论含义：

第一，国企直接投资可以从三方面为被投资企业带来创新优势：首先，双方的直接互动能够促使国企积累的技术资源流向被投资企业；其次，依托于国企直投，被投资企业能够和政府建立良好关系，有利于获取更多政府资源；最后，更长的投资期限（原因是直投资金来源于自有资金，无须强制到期清算）、人员激励机制不足、投资过程更需兼顾战略目标这三大原因促使国企直投比独立风投更能容忍被投资企业创新失败（Tian 和 Wang，2014）[187]。第二，国企的高失败容忍度能降低项目被过早错误清算的风险，有助于被投资企业最终实现其创新潜力。第三，国有背景的创业企业天然地掌握了一些政府资源，所以国企直投再为其带来的政府资源补充效应会降低。第四，国企的行政级别越高，其隶属的政府行政级别就越高，掌握的稀缺资源就越多。所以，被投资企业与高层级政府建立联系后能够获得更多高质量的政府资源。第五，高技术契合导致被投资企业建立的防御机制只会防止自身技术信息流出，而不会阻碍外部技术资源流入。此外，高技术契合还有利于被投资企业更好吸收外部技术资源。第六，从民企和国企的比较看，出现上文结果的可能解释为：民营企业创新能力强，积累了丰富的前沿技术资源，当其直接投资时，可以直接给创业企业提供高质量的创新资源，更加有利于被投资企业创新。而国企创新能力相对弱一些，其提供给创业企业的技术资源质量较低。另外，还有一种解释是：政治晋升激励、国有资产流失等问题导致国企高管短视行为，使其失败容忍度低于民企，所以对被投资企业创新的促进作用小一些。

总而言之，国企直接向创业企业进行投资过程中存在着信息和技术资源的直接流动，并且这种流动是双向的。国企向创业企业投入资金并直接获得了创业企业泄露的前沿技术信息。创业企业在接受国企资金的同时，也得到了国企的技术资源。除此以外，特别需要注意三点：第一，双方的技术契合会让创业企业有意识地构建防御机制，阻碍信息流向国企；第二，国企能容忍创新失败是其比独立风投机构更能促进被投资企业创新的另一重要原因；第三，国企直接投资可以帮被投资企业获得更多政府资源是其比独立风投机构更能促进被投资企业创新的又一重要原因。

5 两种投资模式创新效应的比较及结论

5.1 两种投资模式创新效应的比较

本书第3章、第4章分别对不同投资模式下的创新效应进行了独立分析。那么，不同投资模式之间的创新效应孰大孰小呢？从技术角度看，直接定量比较的难度很大，因此本部分尝试展开定性讨论。

定性比较以第3章、第4章检验得到的创新效应及作用机制为基础，为了方便查看，先将这两章的结果简要汇总如表5－1和表5－2所示。

表 5－1　　　不同投资模式下创新效应的比较

投资模式	对母公司创新的影响	对被投资企业创新的影响
LP 模式	正向 （部分情境下存在）	无影响
直投模式	正向 （部分情境下存在）	正向 （且部分情境下更明显）

表 5－2　　　不同投资模式下创新效应产生机制的比较

投资模式	对母公司创新的影响机制	对被投资企业创新的影响机制
LP 模式	信息间接泄露 （部分情境下成立）	无影响机制 （资源间接流动不成立）
直投模式	信息直接泄露 （部分情境下成立）	失败容忍 政治关联 资源直接流动

首先，定性对比两种不同投资模式下，国企参与风险投资对自身创新促进作用的大小。结合表 5－1 和表 5－2 中可以看到，国企采用两种模式参与风险投资都对自身创新有正向影响且都是通过获取创业企业泄露的技术信息这一机制来实现。区别在于，直投模式下国企和被投资企业为直接联系，信息为直接泄露，而 LP 模式通过风投机构建立间接联系，信息为间接泄露。

本书认为信息的直接泄露比间接泄露更有利于国企创新。原因在于，直接联系中双方关系更加紧密，互动频繁且信任度高，从而使流向国企的信息数量和质量能够得到更好保证。Ahuja（2000）[233]，Greve（2009）[234]等的研究也发现紧密联系更有利于信息流动。而在间接联系情况下，根据 Burt（2009）[235]提出的结构洞理论（structural hole theory)，中间方在三元不闭合关系中具有控制优势，所以信息传递的效率还受制于风投机构的意愿和能力（Cox Pahnke 等，2015b）[165]。一方面，信息泄露是不道德行为，在客观条件允许的情况下，风投机构并没有强烈的信息泄露动机，他们会尽量帮被投资企业保守秘密。另一方面，风投机构对技术信息的熟悉程度没有被投资企业自身高，导致泄露信息的质量和真实性相对较低。综上所述，本书认为直投模式下信息泄露的数量较多、质量较高，所以国企参与风险投资对自身创新促进作用的大小排序结果为：直投模式 > LP 模式。另外需要特别注意的是，当双方技术契合程度较高时，创新效应大小的排序可能发生变化。正如前文所言，高技术契合程度下，国企直接投资会促使被投资企业建立严格的防御机制从而阻止信息外泄，这导致直投模式原本因信息泄露造成的优势下降，但是，下降以后是否依旧强于间接投资模式则不得而知，故难以判断直投模式产生的创新效应较大还是间接投资模式产生的创新效应较大。

其次，定性对比不同投资模式下，国企参与风险投资对被投资企业创新促进作用的大小。结合表 5－1 和表 5－2 中可以看到，国企采用 LP 模式投资对被投资企业创新没有显著影响，两者之间不存在作用机制（资源间接流动机制不成立）。国企采用直投模式可以通过资源流动机制促进被投资企业创新。所以国企参与风险投资对被投资企业创新促进作用的大小排序结果为：直投模式 > LP 模式。

最后，再次声明，以上比较是在前文实证结果以及潜在影响机制基础上展开的理论演绎和推论，因未经过严格数据检验，其结果只能作为一种辅助和补充。未来的研究可以尝试通过设计合理的研究方案展开定量比较，以求得到更令人信服的结论。

5.2 两种投资模式创新效应的结论

（1）主要研究结论

国有企业参与风险投资已经成为一种普遍现象，但对这一问题的理论研究甚少。因此，本书主要研究了国有企业参与风险投资的创新效应。

首先，本书回顾了与研究主题密切相关的国内外文献成果，具体从三个方面展开：一是关于国有（政府）资金参与风险投资的研究，包括对国有风险投资机构的研究、政府风险投资项目的研究、国有企业参与风险投资的研究三部分；二是关于企业风险投资的创新效应研究，包括企业风险投资对母公司创新的影响、企业风险投资对被投资企业创新的影响两部分；三是关于企业风险投资的其他相关研究，包括企业风险投资的影响因素、企业风险投资的运作、企业风险投资的其他效应。通过细致梳理国内外已有研究成果，给出文献述评。

其次，依据国有企业参与风险投资时采用的投资模式差异，将研究划分为两个子专题：专题1：探讨LP投资模式下，国有企业参与风险投资的创新效应研究。专题2：探讨直接投资模式下，国有企业参与风险投资的创新效应研究。在每个子专题下，又按照创新主体差异，进一步划分为：国有企业参与风险投资对自身创新的影响和国有企业参与风险投资对被投资企业创新的影响。

再次，在每个专题之下，按照以下步骤展开研究：第一，基于信息泄露、资源流动、失败容忍、政治关联等视角，从理论分析国有企业参与风险投资对自身和被投资企业创新的总体影响，揭示总体创新效应；第二，依据国有企业、被投资企业、风投机构的不同特征进行细分研究，揭示不同情境下创新效应的差异并以此来进一步验证信息泄露、资源流动、失败容忍、政治关联等理论机制是否成立。第三，设计实证研究方案。从 CSMAR 数据库，企业年报，国家知识产权局专利信息服务平台，私募通数据库，天眼查等数据库，搜集 A 股上市国企 2009—2019 年的面板数据，以国企投资的创业企业数量为自变量，以专利申请总数和发明申请数为因变量，利用基于面板数据的负二项回归模型检验国企参与风险投资对自身创新的影响；将 2009—2019 年国企投资的创业企业的数据作为处理组，以独立风投投资的创业企业作为对照组构建匹配样本，以专利申请总数和发明申请数作为因变量，采用负二项回归模型检验国企参与风险投资对被投资企业创新的影响。

最后，实证检验的结果显示：

第一，LP 模式的实证检验结果：①总体上，国企通过 LP 模式参与风险投资能显著促进自身创新。进一步看，当国企处于高竞争行业、被投资企业处于低市场化程度地区、风投机构担任主投方时，国企通过 LP 模式参与风险投资对自身创新有显著正向影响。当国企处于低竞争行业、被投资企业处于高市场化程度地区、风投机构担任跟投方时，上述影响并不显著。以上结果部分支持了信息间接泄露机制理论，意味着 LP 模式下，在某些特定情境中被投资企业的技术信息会经风投机构泄露给国有企业。②国企通过 LP 模式参与风险投资对被投资企业创新的影响和独立风险投资没有显著差异。进一步看，这一结果也不会因为国企和被投资企业的技术契合程度差异、风投机构是否担任主投方而发生改变。以上结果不支持资源间接流动机制，意味着 LP 模式下，国企的技术资源并不会经风投机构流向被投资企业。尽管如此，国企通过 LP 模式投资的企业仍然比没有接受风险投资的企业展现出更高的创新水平，说明国企作为 LP 投资至少起到了风投的最基本作用——帮助创业企业缓解融资约束。③国企通过 LP 模式参与风险投资对自身创新的促进作用弱于民企，但对被投资企业创新的促进作用和民企没有显著差异。

第二，直投模式的实证检验结果：①总体上来看，国企通过直投模式参与风险投资能显著促进自身创新。进一步看，无论国企和被投资企业地理邻近性高低、技术契合程度高低，以上促进作用都显著存在。就不同情境的比较而言，国企和被投资企业地理邻近性较高时，上述促进作用更强，但上述促进作用在双方技术契合程度不同时没有显著差异。以上结果部分支持信息直接泄露机制理论，意味着在直投模式下，确实存在被投资企业的技术信息直接泄露给国有企业的现象，但如果双方技术契合程度较高，创业企业会建立防御机制来阻止信息外泄。②总体上来讲，相比于独立风投模式，国企通过直投模式参与风险投资能显著促进被投资企业创新。进一步看，无论国企失败容忍度高低、被投资企业是否具有国有背景、国企行政级别高低、双方技术契合程度高低，以上促进作用都显著存在。就不同情境的比较而言，国企失败容忍度较高、被投资企业具有非国有背景、国企行政级别较高、双方技术契合程度较高时，上述促进作用更强。以上结果同时支持了失败容忍机制、政治关联机制、资源直接流动机制理论，意味着直投模式下，国企更能容忍创业企业创新失败，国企的技术资源会直接流向创业企业，并且国企还能为创业企业带来政府资源。③国企通过直投模式参与风险投资对自身创新和被投资企业创新的促进作用均弱于民企。

（2）主要创新点

本书的创新点主要体现在以下几个方面：

第一，全面系统地评估了国有企业参与风险投资产生的创新效应。伴随着诸多国家级政策文件的呼吁和鼓励，大型国有企业通过各种方式参与风险投资已成为一股热潮。促进企业创新是政策鼓励国企参与风险投资的重要目标之一，但目前鲜有研究对这一目标是否能够有效达成进行评估。本章从两个创新主体、两种投资模式、多种不同情景角度对国有企业参与风险投资产生的创新效应进行全面定量分析。

第二，揭示了国有企业参与风险投资创新效应的产生机理。关于企业风险投资以及国有风险投资为何能够影响创新，已有研究总结归纳了一些理论机制，但这些机制能否在国企参与风险投资的过程中发挥作用尚不得而知。本书通过总体创新效应研究和分情境研究，对上述理论机制的适用性进行了验证。研究发现，国企参与风险投资对自身创新的影响主要通过信息直接或间接泄露机制实现，而对被投资企业创新的影响主要通过技术资源直接或间接流动，政治关联以及失败容忍等机制实现。

第三，拓展了企业风险投资的研究对象。目前企业风险投资领域的文献主要基于市场经济理论体系展开，研究对象以私人（民营）企业为主。国有企业作为经济活动中另一类重要主体，较之私人企业有自身独特的运作机制、政策使命、激励体系……所以，针对私人企业的研究结论未必适用于国有企业。本书将关注重点放在国有企业之上，拓展了企业风险投资的研究对象。研究发现国企和民企参与风险投资的创新效应和作用机制（例如政治关联机制）都存在差异，有助于认识股权性质在企业风险投资中的重要性。

第四，完善了国有（政府）资金参与风险投资的研究框架。在实践中，国有（政府）资金进行风险投资主要有三种参与形式：国有风险投资机构、政府风险投资项目（国内主要为政府引导基金）、国有企业风险投资。目前的理论研究主要对前两种形式展开了深入分析并形成了丰富成果，但是针对国有企业风险投资的研究非常少见，屈指可数的几篇文献也均停留在初步定性探讨阶段。本书从创新效应切入点入手，对国有企业风险投资这一新兴形式进行大样本实证研究，完善了国有（政府）资金参与风险投资的研究框架，有助于掌握国有（政府）资金参与风险投资的全貌。

（3）管理启示

①本书对国企盘活沉淀资金，提升投资效率和创新效率有以下管理启示

首先，总体上国企采用两种投资模式参与风险投资对自身创新都具有提升作用，所以国企可以适度考虑提升对风险投资的参与程度。例如，增加作为 LP 投资基金的数量或者直接投资更多创业企业。如果资金、精力、能力有限，需要在两种投资模式中作出选择，那么可以优先考虑直投模式。其次，对如何选择风投机构和创业企业这一问题，国企如果以 LP 模式投资，可以优先考虑经常担任主投的风投机构，并通过鼓励、干预运作等方式促使其重点考虑低市场化程度地区的创业企业。

为了实现以上目标，国企可以在出资时订立一些限制性条款或者为风投基金提供一定补偿机制。如果是国企直接投资，则无须将太多注意力放在要求创业企业的技术是否和母公司契合，而需要尽可能投资地理距离较近的创业企业。此外，无论在哪种投资模式下，国企都应积极参与风投机构运作，尽可能与创业企业发生互动，从而获取更多外部技术来促进自身研发活动。最后，鉴于大多数情况下，国企参与风险投资的效果仍不如民企，所以国企应继续深化改革。具体可以从人员设置、管理机构选择、投资契约设计、“国有企业—风投机构—被投资企业”三元关系治理机制设计等方面向民企学习，提升运作效率。当然，上述管理启示主要从提升创新的角度提出，并不是绝对的，具体实践中还应综合其他目标全面考量。如果国企的投资还考量财务目标，那就需要在创新收益和财务收益之间相机权衡。

②本书对创业企业选择不同类型风险投资来提升融资效率和创新效率得到以下管理启示

首先，本书发现国企采用直投模式对被投资企业创新具有提升作用，采用 LP 模式则不起促进作用，所以创业企业在融资过程中如果有选择的余地，应当优先考虑接受国企直接投资。如果选择空间较小，那么接受国企作为 LP 投资也是不错的选择，因为 LP 模式至少可以发挥缓解创业企业融资约束的作用。其次，更进一步看，直投模式下，创业企业同样应当关注国企所属行业，此外还要关注国企的容忍失败程度以及行政级别。同一行业、高行政级别、高失败容忍度的国企都是优选对象。另外，非国有背景的创业企业应当努力争取获得国企直接投资，那会产生更强的创新效应。再次，创业企业接受国企直接投资的创新效果仍然差于接受民企直接投资，所以建议创业企业应当优先考虑民企提供的资金。最后，创业企业在接受不同投资模式时，都面临不同程度的信息泄露风险，所以建议其适度把控和国企的联系紧密程度，建立信息外泄防御机制。当然，上述管理启示主要从促进创业企业创新角度提出，具体实践中还应综合其他因素全面相机决策。

（4）研究不足与未来研究方向

第一，关于数据质量。清科集团旗下的私募通数据库是本研究获取风险投资相关数据的主要来源之一，但本书并未对私募通的数据可靠性和数据质量进行严格分析和论证。在国内外风险投资理论研究中，学者们目前均选择使用大型商业数据库作为样本来源，比如在国外研究中，VentureXpert、CrunchBase 和 VentureOne 这几个数据库运用非常广泛，而在国内的研究中，私募通数据库是使用最为广泛的数据来源之一。可是，在本书数据搜集过程中，作者发现私募通数据库存在为数不少的数据缺失、遗漏和错误等问题，数据的覆盖广度也无法得知。虽然目前直接研究私募通数据库数据质量的文献尚未见到，但国外研究已经表明大型商业数据库确实存在数据遗漏和样本偏误等问题。举例来说，Kaplan 等（2002）[236]的研究表明，VentureXpert 和 VentureOne 遗漏了 15% 左右的投资轮次，且这两个大型数据库均存在数据偏误的问题；VentureOne 数据库过度采样（Over - sample）了高估值的风险项目，而 Venture Economics 数据库过度采样了金额较高的投资轮次。Maats 等（2009）[237]的研究也表明，VentureSource（VentureOne 的产品）和 VentureXpert 的数据存在偏误和不准确等问题。这些研究意味着依赖大型商业数据库展开研究可能会出现一定程度偏误甚至于错误。尽管作者以及作者所在研究团队采取了一些措施力求改进数据质量，但总得来说收效甚微。总之，私募通数据库虽为现有条件下的最优选择，但其数据质量问题仍有可能影响本书结论。

第二，关于影响机制。本书在每个专题的研究中都先检验总体影响，然后通过分类检验，一方面明确创新效应在不同情境下的差异，另一方面为总体影响中提出的理论机制进行更进的一步验证和分离。举例来说，研究国企采用直投模式投资对被投资企业影响时，本书提出了资源直接流动机制和政治关联机制理论，理论上直接检验两种机制是否成立的方案应该是：检验创业企业获取的技术资源在国企直接投资和被投资企业创新关系之间的中介作用，以及检验创业企业获取政治资源的数量在两者关系之间的中介作用。但是技术资源数量和政治资源数量都很难准确衡量，因此本书依据以上两个不同的理论机制提出了两个预言（prediction）：一是假定技术资源间接流动机制成立，因为相似的技术更容易被创业企业吸收利用，所以国企和创业企业技术契合程度较高时，对被投资企业创新的提升作用更强；二是假定政治关联机制成立，由于非国有背景创业企业更缺乏政府资源，所以政府资源的补充作用更强，对被投资企业创新的提升作用更强。反过来说，检验结果如果符合第一个预言，那就支持了技术资源流动机制理论；如果符合第二个预言，那就支持了政治关联机制理论。本书通过检验理论预言是否成立来反推理论机制是否成立，这种方法虽然在经济管理领域的文献中也经常见到（尤其是经济学领域），但不是非常直接。这是本研究较为薄弱的地方之一。未来研究可以尝试建立更加合适的测度指标，设计更为直接的检验方案来揭示相关影响机制。

第三，关于创新效应。本书采用滞后一年国企的专利申请总数和发明申请数度量国企参与风投之后的创新情况，以滞后三年创业企业的专利申请总数和发明申请数度量创业企业接受风投之后的创新情况。无论滞后一年还是三年，都属于短期创新效应并且只是创新产出效应。那么，如果把观察滞后期延长，是否还存在长期效应呢？或者用创新投入替换创新产出测度企业创新，是否对创新投入也有影响呢？未来研究可以通过搜集相应数据对以上问题进行拓展研究。

第四，关于政策目标。政府鼓励国企参与风险投资的初衷，对于国企而言，主要是盘活大量沉淀资金，避免这些资金“脱实向虚”，同时为大型国企建立一个了解新技术和市场的窗口（Benson 和 Ziedonis，2009）[47]，提升自身创新。对于创业企业而言，主要是为了解决创业初期融资困难，促进创业企业成长。本书只研究了国企参与风险投资产生效应的一个方面，即对自身创新和被投资企业创新的影响。如果想要完整评估国企参与风险投资的政策效应，还可以从以下角度展开研究，例如：对于国企而言，采用风险投资这一外部研发形式是不是比其他外部研发形式（合资公司，战略联盟等）对创新提升更加有效？将同样的资金投入企业内部研发，能否产生更大的创新效应？既然是为了盘活沉淀资金，那么国企参与风险投资能否带来财务上的收益？对于创业企业而言，大型国企除了为创业企业提供技术资源以外，还可为其提供分销渠道、供应链、融资渠道等资源，所以未来研究可以探索国企参与风险投资对创业企业 IPO、销售增长、后续融资等方面的影响。另外，更进一步从宏观角度看，国企参与风险投资能否提升区域创新能力和经济发展水平也非常值得探索。

参考文献

［1］Allen S A，Hevert K T. Venture capital investing by information technology companies：Did it pay? Journal of Business Venturing，2007，Vol. 22（2）：262－282.

［2］董晓庆，赵坚，袁朋伟．国有企业创新效率损失研究．中国工业经济，2014（2）：97－108.

［3］Dushnitsky G，Lenox M J. When do incumbents learn from entrepreneurial ventures? Corporate venture capital and investing firm innovation rates. Research Policy，2005a，Vol. 34（5）：615－639.

［4］Wadhwa A，Kotha S. Knowledge creation through external venturing：Evidence from the telecommunications equipment manufacturing industry. Academy of Management Journal，2006，Vol. 49（4）：819－835.

［5］万坤扬，陆文聪．公司创业投资与企业技术创新——吸收能力、卷入强度和治理结构的调节作用．科学学与科学技术管理，2014a，Vol. 35（11）：117－127.

［6］Sahaym A，Steensma H K，Barden J Q. The influence of R&D investment on the use of corporate venture capital: An industry - level analysis. Journal of Business Venturing, 2010, Vol. 25 (4): 376 - 388.

[7] Basu S, Phelps C, Kotha S. Towards understanding who makes corporate venture capital investments and why. Journal of Business Venturing, 2011, Vol. 26 (2): 153 - 171.

[8] Dushnitsky G, Lenox M J. When do firms undertake R&D by investing in new ventures? . Strategic Management Journal, 2005b, Vol. 26 (10): 947 - 965.

[9] Dushnitsky G, Shaver J M. Limitations to interorganizational knowledge acquisition: The paradox of corporate venture capital. Strategic Management Journal, 2009, Vol. 30 (10): 1045 - 1064.

[10] Colombo M G, Shafi K. Swimming with sharks in Europe: When are they dangerous and what can new ventures do to defend themselves? Strategic Management Journal, 2016, Vol. 37 (11): 2307 - 2322.

[11] Da Gbadji L A G, Gailly B, Schwienbacher A. International analysis of venture capital programs of large corporations and financial institutions. Entrepreneurship Theory and Practice, 2015, Vol. 39 (5): 1213 - 1245.

[12] Gaba V, Meyer A D. Crossing the organizational species barrier: How venture capital practices infiltrated the information technology sector. Academy of Management Journal, 2008, Vol. 51 (5): 976 - 998.

[13] Tong T W, Li Y. Real options and investment mode: Evidence from corporate venture capital and acquisition. Organization Science, 2011, Vol. 22 (3): 659 - 674.

[14] Fulghieri P, Sevilir M. Organization and financing of innovation, and the choice between corporate and independent venture capital. Journal of Financial and Quantitative Analysis, 2009, Vol. 44 (6): 1291 - 1321.

[15] Kim K, Gopal A, Hoberg G. Does product market competition drive CVC investment? Evidence from the U. S. IT industry. Information Systems Research, 2016, Vol. 27 (2): 259 - 281.

[16] 刘伟，黄江林．企业资源对新创上市公司创业投资决策的影响——基于创业板制造业的分析．科技进步与对策，2016，Vol. 33 (2): 86 - 90.

[17] Gaba V, Bhattacharya S. Aspirations, innovation, and corporate venture capital: A behavioral perspective. Strategic Entrepreneurship Journal, 2012, Vol. 6 (2): 178 - 199.

[18] 郑丹辉，韩晓燕，李新春．组织冗余与我国民营上市企业风险投资：创始人控制的调节作用．财经研究，2013 (5): 62 - 72.

[19] Ceccagnoli M, Higgins M J, Kang H D. Corporate venture capital as a real option in the markets for technology. Strategic Management Journal, 2018, Vol. 39 (13): 3355 - 3381.

[20] Anokhin S, Peck S, Wincent J. Corporate venture capital: The role of governance factors. Journal of Business Research, 2016a, Vol. 69 (11): 4744 - 4749.

[21] Sahaym A, Cho S Y, Kim S K, et al. Mixed blessings: How top management team heterogeneity and governance structure influence the use of corporate venture capital by post - IPO firms. Journal of Business Research,

2016, Vol. 69 (3): 1208 - 1218.

[22] Noyes E, Brush C, Hatten K, et al. Firm network position and corporate venture capital investment. Journal of Small Business Management, 2014, Vol. 52 (4): 713 - 731.

[23] Guo B, Pérez - Castrillo D, Toldrà - Simats A. Firms' innovation strategy under the shadow of analyst coverage. Journal of Financial Economics, 2019, Vol. 131 (2): 456 - 483.

[24] 戴维奇，魏江，余纯国．过往绩效与公司风险投资：高管政治网络的调节效应．科研管理，2012, Vol. 33 (1): 138 - 146.

[25] Katila R, Rosenberger J D, Eisenhardt K M. Swimming with sharks: Technology ventures, defense mechanisms and corporate relationships. Administrative Science Quarterly, 2008, Vol. 53 (2): 295 - 332.

[26] Kim J Y, Steensma H K, Park H D. The influence of technological links, social ties, and incumbent firm opportunistic propensity on the formation of corporate venture capital deals. Journal of Management, 2019, Vol. 45 (4): 1595 - 1622.

[27] Winters T E, Murfin D L. Venture capital investing for corporate development objectives. Journal of Business Venturing, 1988, Vol. 3 (3): 207 - 222.

[28] Sykes H B. Corporate venture capital: Strategies for success. Journal of Business Venturing, 1990, Vol. 5 (1): 37 - 47.

[29] McNally K. Corporate venture capital: Bridging the equity gap in the small business sector. London: Routledge, 1997.

[30] Kann A. Strategic venture capital investing by corporations: A framework for structuring and valuing corporate venture capital programs: [dissertation]. California: Stanford University, 2000.

[31] Keil T, Maula M V J, Schildt H, et al. The effect of governance modes and relatedness of external business development activities on innovative performance. Strategic Management Journal, 2008a, Vol. 29 (8): 895 – 907.

[32] 陆方舟，陈德棉，乔明哲．公司创业投资目标、模式与投资企业价值的关系——基于沪深上市公司的实证研究．投资研究，2014，Vol. 33 (1): 57 – 71.

[33] Siegel R, Siegel E, MacMillan I C. Corporate venture capitalists: Autonomy, obstacles, and performance. Journal of Business Venturing, 1988, Vol. 3 (3): 233 – 247.

[34] Souitaris V, Zerbinati S, Liu G. Which iron cage? Endo – and exoisomorphism in corporate venture capital programs. Academy of Management Journal, 2012, Vol. 55 (2): 477 – 505.

[35] Chesbrough H W. Making sense of corporate venture capital. Harvard Business Review, 2002, Vol. 80 (3): 90 – 99.

[36] Dokko G, Gaba V. Venturing into new territory: Career experiences of corporate venture capital managers and practice variation. Academy of Management Journal, 2012, Vol. 55 (3): 563 – 583.

[37] Block Z, Ornati O A. Compensating corporate venture managers. Journal of Business Venturing, 1987, Vol. 2 (1): 41 – 51.

[38] Sykes H B. Incentive compensation for corporate venture person-

nel. Journal of Business Venturing, 1992, Vol. 7 (4): 253 - 265.

[39] Dushnitsky G Z, Shapira Z. Entrepreneurial finance meets corporate reality: comparing investment practices by corporate and independent venture capitalists. Strategic Management Journal, 2010, Vol. 30 (10): 1025 - 1132.

[40] 乔明哲，陈德棉，李金良．公司创业投资的薪酬激励问题分析．运筹与管理，2012，Vol. 21 (2): 192 - 201.

[41] Hellmann T. A theory of strategic venture investing. Journal of Financial Economics, 2002, Vol. 64 (2): 285 - 314.

[42] Bottazzi L, Da Rin M, Hellmann T. The changing face of the European venture capital industry: facts and analysis. The Journal of Private Equity, 2004, Vol. 7 (2): 26 - 53.

[43] Bottazzi L, Da Rin M, Hellmann T. Who are the active investors?: Evidence from venture capital. Journal of Financial Economics, 2008, Vol. 89 (3): 488 - 512.

[44] Cumming D, Johan S. Preplanned exit strategies in venture capital. European Economic Review, 2008, Vol. 52 (7): 1209 - 1241.

[45] Maula M V J, Autio E, Murray G C. Corporate venture capital and the balance of risks and rewards for portfolio companies. Journal of Business Venturing, 2009, Vol. 24 (3): 274 - 286.

[46] Masulis R W, Nahata R. Venture capital conflicts of interest: Evidence from acquisitions of venture - backed firms. Journal of Financial and Quantitative Analysis, 2011, Vol. 46 (2): 395 - 430.

[47] Benson D, Ziedonis R H. Corporate venture capital as a window on new technologies: Implications for the performance of corporate investors when acquiring startups. Organization Science, 2009, Vol. 20 (2): 329 – 351.

[48] Benson D, Ziedonis R H. Corporate venture capital and the returns to acquiring portfolio companies. Journal of Financial Economics, 2010, Vol. 98 (3): 478 – 499.

[49] Colombo M G, Grilli L, Piva E. In search of complementary assets: The determinants of alliance formation of high – tech start – ups. Research Policy, 2006, Vol. 35 (8): 1166 – 1199.

[50] Mathews R D. Strategic alliances, equity stakes, and entry deterrence. Journal of Financial Economics, 2006, Vol. 80 (1): 35 – 79.

[51] Dushnitsky G, Lavie D. How alliance formation shapes corporate venture capital investment in the software industry: A resource – based perspective. Strategic Entrepreneurship Journal, 2010, Vol. 4 (1): 22 – 48.

[52] Van de Vrande V, Vanhaverbeke W. How prior corporate venture capital investments shape technological alliances: A real options approach. Entrepreneurship Theory and Practice, 2013, Vol. 37 (5): 1019 – 1043.

[53] 林子尧，李新春．公司创业投资与上市公司绩效：基于中国数据的实证研究．南方经济，2012（6）：3 – 14.

[54] Dushnitsky G, Lenox M J. When does corporate venture capital investment create firm value? . Journal of Business Venturing, 2006, Vol. 21 (6): 753 – 772.

[55] 孙健，白全民．我国公司创业投资（CVC）对企业价值影响

的实证研究——基于 CVC 投资者的视角．中央财经大学学报，2010（9）：62 - 66.

［56］万坤扬，陆文聪．公司创业投资组合多元化与企业价值——组织冗余的调节作用．经济管理，2014b（9）：156 - 166.

［57］Yang Y, Narayanan V K, De Carolis D M. The relationship between portfolio diversification and firm value: The evidence from corporate venture capital activity. Strategic Management Journal, 2014, Vol. 35（13）: 1993 - 2011.

［58］万坤扬．公司创业投资对企业价值创造的影响机制——基于 CVC 项目异质性视角．工业技术经济，2015a（2）：27 - 33.

［59］万坤扬．公司风险投资组合多元化与公司投资者价值创造——基于分位数回归的实证分析．商业经济与管理，2015（10）：41 - 51.

［60］Titus V K, Anderson B S. Firm Structure and environment as contingencies to the corporate venture capital - parent firm value relationship. Entrepreneurship Theory and Practice, 2018, Vol. 42（3）: 498 - 522.

［61］Vanhaverbeke W, Van de Vrande V, Chesbrough H. Understanding the advantages of open innovation practices in corporate venturing in terms of real options. Creativity and Innovation Management, 2008, Vol. 17（4）: 251 - 258.

［62］Smith S W, Shah S K. Do innovative users generate more useful insights? An analysis of corporate venture capital investments in the medical device industry. Strategic Entrepreneurship Journal, 2013, Vol. 7（2）: 151 - 167.

［63］Maula M V J, Keil T, Zahra S A. Top management's attention to discontinuous technological change: Corporate venture capital as an alert mechanism. Organization Science, 2013, Vol. 24 (3): 926 - 947.

[64] Lee S U, Kang J. Technological diversification through corporate venture capital investments: Creating various options to strengthen dynamic capabilities. Industry and Innovation, 2015, Vol. 22 (5): 349 - 374.

[65] Wadhwa A, Phelps C, Kotha S. Corporate venture capital portfolios and firm innovation. Journal of Business Venturing, 2016, Vol. 31 (1): 95 - 112.

[66] Anokhin S, Wincent J, Oghazi P. Strategic effects of corporate venture capital investments. Journal of Business Venturing Insights, 2016b, 5: 63 - 69.

[67] Lee S U, Park G, Kang J. The double - edged effects of the corporate venture capital unit's structural autonomy on corporate investors' explorative and exploitative innovation. Journal of Business Research, 2018, 88: 141 - 149.

[68] 万坤扬，陆文聪．创业企业知识异质性与公司投资者知识创造．科研管理，2016, Vol. 37 (2): 9 - 19.

[69] 乔明哲，张玉利，张玮倩，等．公司创业投资与企业技术创新绩效——基于实物期权视角的研究．外国经济与管理，2017a, Vol. 39 (12): 38 - 52.

[70] 康永博，王苏生，彭珂．公司创业投资对企业技术创新的影响研究——基于组织间学习的视角．研究与发展管理，2017, Vol. 29 (5): 87 - 98.

[71] Belderbos R, Jacob J, Lokshin B. Corporate venture capital (CVC) investments and technological performance: Geographic diversity and the interplay with technology alliances. Journal of Business Venturing, 2018, Vol. 33 (1): 20 - 34.

[72] Keil T. Building external corporate venturing capability. Journal of Management Studies, 2004, Vol. 41 (5): 799 - 825.

[73] Schildt H A, Maula M V J, Keil T. Explorative and exploitative learning from external corporate ventures. Entrepreneurship Theory and Practice, 2005, Vol. 29 (4): 493 - 515.

[74] Keil T, Autio E, George G. Corporate venture capital, disembodied experimentation and capability development. Journal of Management Studies, 2008b, Vol. 45 (8): 1475 - 1505.

[75] Yang Y, Narayanan V K, Zahra S. Developing the selection and valuation capabilities through learning: The case of corporate venture capital. Journal of Business Venturing, 2009, Vol. 24 (3): 261 - 273.

[76] Lee S M, Kim T, Jang S H. Inter - organizational knowledge transfer through corporate venture capital investment. Management Decision, 2015, Vol. 53 (7): 1601 - 1618.

[77] Gompers P, Lerner J. The determinants of corporate venture capital success: Organizational structure, incentives and complementarities. NBER Working Paper, 1998.

[78] Ivanov V I, Xie F. Do corporate venture capitalists add value to start - up firms? Evidence from IPOs and acquisitions of VC - backed compa-

nies. Financial Management, 2010, Vol. 39 (1): 129 – 152.

[79] Park H D, Steensma H K. When does corporate venture capital add value for new ventures? . Strategic Management Journal, 2012, Vol. 33 (1): 1 – 22.

[80] Kang S. The impact of corporate venture capital involvement in syndicates. Management Decision, 2019, Vol. 57 (1): 131 – 151.

[81] Wang X A, Wan W P. Explaining the variance in underpricing among venture capital – backed IPOs: A comparison between private and corporate VC firms. Strategic Entrepreneurship Journal, 2013, Vol. 7 (4): 331 – 342.

[82] 乔明哲，张玉利，凌玉，等．公司创业投资究竟怎样影响创业企业的 IPO 抑价——来自深圳创业板市场的证据．南开管理评论，2017b, Vol. 20 (1): 167 – 180.

[83] Song C S, Lee Y. Monitoring role of venture capital in the initial public offerings: Evidence from Korea. Emerging Markets Finance and Trade, 2018, Vol. 54 (10): 2382 – 2399.

[84] Di Lorenzo F, Vareska V D V. Tapping into the knowledge of incumbents: The role of corporate venture capital investments and inventor mobility. Strategic Entrepreneurship Journal, 2019, Vol. 13 (1): 24 – 46.

[85] Uzuegbunam I, Ofem B, Nambisan S. Do corporate investors affect entrepreneurs' IP portfolio? Entrepreneurial finance and intellectual property in new firms. Entrepreneurship Theory and Practice, 2019, Vol. 43 (4): 673 – 696.

[86] Weber B, Weber C. Corporate venture capital as a means of radical innovation: Relational fit, social capital, and knowledge transfer. Journal of Engineering and technology management, 2007, Vol. 24 (1-2): 11-35.

[87] Park H D, Steensma H K. Do innovative users generate more useful insights? An analysis of corporate venture capital investments in the medical device industry. Strategic Entrepreneurship Journal, 2013, Vol. 7 (4): 311-330.

[88] Chemmanur T J, Loutskina E, Tian X. Corporate venture capital, value creation, and innovation. The Review of Financial Studies, 2014, Vol. 27 (8): 2434-2473.

[89] Cox Pahnke E, Katila R, Eisenhardt K M. Who takes you to the dance? How partners' institutional logics influence innovation in young firms. Administrative Science Quarterly, 2015a, Vol. 60 (4): 596-633.

[90] Alvarez-Garrido E, Dushnitsky G. Are entrepreneurial venture's innovation rates sensitive to investor complementary assets? Comparing biotech ventures backed by corporate and independent VCs. Strategic Management Journal, 2016, Vol. 37 (5): 819-834.

[91] 王雷，周方召．公司创业投资比独立创业投资更能促创新吗？——基于上市公司的实证研究．科学学与科学技术管理，2017，Vol. 38 (10): 120-134.

[92] Paik Y, Woo H. The effects of corporate venture capital, founder incumbency, and their interaction on entrepreneurial firms' R&D investment strategies. Organization Science, 2017, Vol. 28 (4): 670-689.

[93] Kim J Y, Park H D. Two faces of early corporate venture capital funding: Promoting innovation and inhibiting IPOs. Strategy Science, 2017, Vol. 2 (3): 161 - 175.

[94] Park J H, Bae Z T. When are "sharks" beneficial? Corporate venture capital investment and startup innovation performance. Technology Analysis & Strategic Management, 2018, Vol. 30 (3): 324 - 336.

[95] 王雷，亓亚荣．CVC 竞争强度与被投资企业技术创新绩效——基于卷入强度的中介效应分析．上海财经大学学报，2019，Vol. 21 (4): 46 - 64.

[96] 薛超凯，任宗强，党兴华．CVC 与 IVC 谁更能促进初创企业创新？管理工程学报，2019，Vol. 33 (4): 38 - 48.

[97] 陈伟．风险投资的资本来源影响企业技术创新的机理分析和实证研究——基于非资本增值视角．商业经济与管理，2013 (9): 87 - 96.

[98] 余琰，罗炜，李怡宗，等．国有风险投资的投资行为和投资成效．经济研究，2014 (2): 34 - 48.

[99] 苟燕楠，董静．风险投资背景对企业技术创新的影响研究．科研管理，2014，Vol. 35 (2): 35 - 42.

[100] 许昊，万迪昉，徐晋．风险投资背景，持股比例与初创企业研发投入．科学学研究，2015，Vol. 33 (10): 1547 - 1554.

[101] 黄艺翔，姚铮．风险投资对上市公司研发投入的影响——基于政府专项研发补助的视角．科学学研究，2015，Vol. 33 (5): 674 - 682.

[102] 王兰芳，胡悦．创业投资促进了创新绩效吗？——基于中国企业面板数据的实证检验．金融研究，2019 (1): 181 - 194.

［103］谢光华，郝颖，靳姝菲．风险投资对政府补贴的创新激励有效性的影响研究．管理学报，2018，Vol. 15（9）：78－87.

［104］唐曼萍，彭馨怡，王运陈．“增值”还是“逐名”：风险投资与企业科技创新——基于不同资本背景风险投资的比较研究．财经科学，2019（9）：39－52.

［105］张学勇，廖理．风险投资背景与公司 IPO：市场表现与内在机理．经济研究，2011（6）：118－132.

［106］许昊，万迪昉，徐晋．风险投资改善了新创企业 IPO 绩效吗？．科研管理，2016，Vol. 37（1）：103－111.

［107］曾庆生，陈信元，洪亮．风险投资入股，首次过会概率与 IPO 耗时——来自我国中小板和创业板的经验证据．管理科学学报，2016，Vol. 19（9）：18－33.

［108］吴超鹏，吴世农，程静雅，等．风险投资对上市公司投融资行为影响的实证研究．经济研究，2012（1）：105－119.

［109］杨艳萍，尚明利．风险投资对高新技术企业融资约束的影响研究——基于中国上市公司的面板数据．科技管理研究，2019（22）：227－236.

［110］孙杨，许承明，夏锐．风险投资机构自身特征对企业经营绩效的影响研究．经济学动态，2012（11）：77－80.

［111］李善民，杨继彬，钟君煜．风险投资具有咨询功能吗？——异地风投在异地并购中的功能研究．管理世界，2019（12）：164－180，215.

［112］姬新龙，马宁．不同风险投资背景对上市公司会计信息披露

的影响．华东经济管理，2016，Vol. 30（1）：121 – 128.

［113］马宁．风险投资，企业会计信息透明度和代理成本．管理评论，2019，Vol. 31（10）：222 – 233.

［114］Cumming D J. Government policy towards entrepreneurial finance：Innovation Investment Funds. Journal of Business Venturing，2007，Vol. 22（2）：193 – 235.

［115］Cumming D J，Johan S. Pre – seed government venture capital funds. Journal of International Entrepreneurship，2009，Vol. 7（1）：26 – 56.

［116］Munari F，Toschi L. Assessing the impact of public venture capital programmes in the United Kingdom：Do regional characteristics matter？. Journal of Business Venturing，2015，Vol. 30（2）：205 – 226.

［117］Buzzacchi L，Scellato G，Ughetto E. Investment stage drifts and venture capital managerial incentives. Journal of Corporate Finance，2015，33：118 – 128.

［118］Buzzacchi L，Scellato G，Ughetto E. The investment strategies of publicly sponsored venture capital funds. Journal of Banking & Finance，2013，Vol. 37（3）：707 – 716.

［119］董建卫，郭立宏．创业投资引导基金的补偿机制对引导效应的影响．中国科技论坛，2017（4）：5 – 12.

［120］董建卫，郭立宏．参股对象选择对引导基金参股投资杠杆效应的影响研究．投资研究，2016，Vol. 35（5）：60 – 75.

［121］杨敏利，丁文虎，郭立宏．创业投资引导基金参股对创投机构后续募资的影响研究．预测，2017，Vol. 36（5）：43 – 48，61.

[122] 周晓雯，丁文虎，杨敏利．引导基金补偿机制对创投机构后续募资的影响．经济问题，2018（1）：36－42.

[123] 施国平，党兴华，董建卫．引导基金能引导创投机构投向早期和高科技企业吗？——基于双重差分模型的实证评估．科学学研究，2016，Vol. 34（6）：822－832.

[124] Luukkonen T, Deschryvere M, Bertoni F. The value added by government venture capital funds compared with independent venture capital funds. Technovation, 2013, Vol. 33 (4－5): 154－162.

[125] 杨敏利，丁文虎，郭立宏，Marcus W F. 创业投资引导基金补偿机制对创投机构网络位置的影响研究．管理评论，2020，Vol. 32（1）：107－118.

[126] Lerner J. The government as venture capitalist: The long－run impact of the SBIR program. Journal of Business, 1999, Vol. 72 (3): 285－318.

[127] Guerini M, Quas A. Governmental venture capital in Europe: Screening and certification. Journal of Business Venturing, 2016, Vol. 31 (2): 175－195.

[128] 董建卫，王晗，郭立宏．单独投资还是联合投资——创业投资引导基金投资对创业企业融资的影响．经济问题，2017（6）：34－38，102.

[129] 冯冰，杨敏利，郭立宏．政府引导基金投资对创业企业后续融资的影响机制研究．科研管理，2019，Vol. 40（4）：112－124.

[130] Wallsten S J. The effects of government－industry R&D programs on private R&D: The case of the Small Business Innovation Research

Program. RAND Journal of Economics, 2000, Vol. 31 (1): 82 - 100.

[131] Grilli L, Murtinu S. Government, Venture capital and the growth of european high - tech entrepreneurial firms. Research Policy, 2014, Vol. 43 (9): 1523 - 1543.

[132] Standaert T, Manigart S. Government as fund - of - fund and VC fund sponsors: effect on employment in portfolio companies. Small Business Economics, 2018, Vol. 50 (2): 357 - 373.

[133] Cumming D J, Grilli L, Murtinu S. Governmental and independent venture capital investments in Europe: A firm - level performance analysis. Journal of Corporate Finance, 2017, 42: 439 - 459.

[134] Grilli L, Murtinu S. New technology - based firms in europe: market penetration, public venture capital and timing of investment. Industrial and Corporate Change, 2015, Vol. 24 (5): 1109 - 1148.

[135] Brander J A, Egan E, Hellmann T F. Government sponsored versus private venture capital: Canadian evidence. In: Lerner J, Schoar A, (Eds) . International Differences in Entrepreneurship. Chicago: University of Chicago Press, 2010, 275 - 320.

[136] Bertoni F, Tykvová T. Does governmental venture capital spur invention and innovation? Evidence from young European biotech companies. Research Policy, 2015, Vol. 44 (4): 925 - 935.

[137] 王晗，刘慧侠，董建卫．政府引导基金参股创投基金能促进企业创新吗？——基于零膨胀负二项分布模型的实证研究．研究与发展管理，2018, Vol. 30 (2): 93 - 102.

［138］董建卫，王晗，施国平，等．政府引导基金参股创投基金对企业创新的影响．科学学研究，2018a，Vol. 36（8）：1474－1486.

［139］董建卫，王晗，郭立宏．政府引导基金本地投资对企业创新的影响．科技进步与对策，2018b，Vol. 35（3）：116－122.

［140］程聪慧，王斯亮．创业投资政府引导基金能引导创业企业创新吗？．科学学研究，2018，Vol. 36（8）：1466－1473.

［141］陈旭东，刘畅．政府创业投资引导基金带动创业了吗？．上海经济研究，2017（11）：22－32.

［142］Wallsten S J. The role of government in regional technology development: The effects of public venture capital and science parks. Stanford Institute for Economic Policy Research Discussion Paper, 2001.

［143］Leleuxa B, Surlemont B. Public versus private venture capital: seeding or crowding out? A pan－European analysis. Journal of Business Venturing, 2003, Vol. 18（1）: 81－104.

［144］Cumming D J, MacIntosh J G. Crowding out private equity: Canadian evidence. Journal of Business Venturing, 2006, Vol. 21（5）: 569－609.

［145］Cumming D J, Li D. Public policy, entrepreneurship, and venture capital in the United States. Journal of Corporate Finance, 2013, 23: 345－367.

［146］杨敏利，李昕芳，仵永恒．政府创业投资引导基金的引导效应研究．科研管理，2014，Vol. 35（11）：8－16.

［147］Cumming D J. Public economics gone wild: Lessons from venture capital. International Review of Financial Analysis, 2014, 36: 251 - 260.

[148] Brander J A, Du Q, Hellmann T. The effects of government - sponsored venture capital: international evidence. Review of Finance, 2015, Vol. 19 (2): 571 - 618.

[149] 杨敏利，王晗，董建卫．政府引导基金能引导社会资金进入创投市场吗？．中国科技论坛，2015 (11): 107 - 111.

[150] Dahaj A S, Cozzarin B P. Government venture capital and cross - border investment. Global Finance Journal, 2019, 41: 113 - 127.

[151] 商子楠．浅析大型国有企业参与中国私募股权投资的原因．科技信息，2011 (4): 55.

[152] 韩瑞霞，胡波．国有企业投资的股权投资基金监管问题研究．中国物价，2017 (2): 52 - 54.

[153] 鲍竹，陈强．国资创投治理结构与投资模式匹配研究——基于功能定位和行为特征视角．中国科技论坛，2017 (10): 145 - 152, 167.

[154] 孙竹，张媛媛，钱颖．风险投资促进大型国企技术创新：原因、作用和路径分析．国际经济合作，2019 (4): 65 - 72.

[155] 董静，徐婉渔．公司风险投资："鱼水相依"抑或"与鲨共舞"？——文献评述与理论建构．外国经济与管理，2018, Vol. 40 (2): 3 - 17, 50.

[156] Lerner J, Schoar A, Wongsunwai W. Smart institutions, foolish choices: The limited partner performance puzzle. The Journal of Finance, 2007, Vol. 62 (2): 731 - 764.

[157] Hochberg Y V, Rauh J D. Local overweighting and underperfor-

mance: Evidence from limited partner private equity investments. The Review of Financial Studies, 2013, Vol. 26 (2): 403 - 451.

[158] Zhelyazkov P I. Interactions and interests: Collaboration outcomes, competitive concerns, and the limits to triadic closure. Administrative Science Quarterly, 2018, Vol. 63 (1): 210 - 247.

[159] Hellmann T, Puri M. Venture capital and the professionalization of start - up firms: Empirical evidence. The Journal of Finance, 2002, Vol. 57 (1): 169 - 197.

[160] Kaplan S N, Strömberg P E R. Characteristics, contracts, and actions: Evidence from venture capitalist analyses. The Journal of Finance, 2004, Vol. 59 (5): 2177 - 2210.

[161] Lindsey L. Blurring firm boundaries: The role of venture capital in strategic alliances. The Journal of Finance, 2008, Vol. 63 (3): 1137 - 1168.

[162] Hochberg Y V. Venture capital and corporate governance in the newly public firm. Review of Finance, 2012, Vol. 16 (2): 429 - 480.

[163] Celikyurt U, Sevilir M, Shivdasani A. Venture capitalists on boards of mature public firms. Review of Financial Studies, 2014, Vol. 27 (1): 56 - 101.

[164] Hasan I, Khurshed A, Mohamed A, et al. Do venture capital firms benefit from a presence on boards of directors of mature public companies? . Journal of Corporate Finance, 2018, 49: 125 - 140.

[165] Cox Pahnke E, McDonald R, Wang D, et al. Exposed: Venture capital, competitor ties, and entrepreneurial innovation. Academy of Manage-

ment Journal, 2015b, Vol. 58 (5): 1334 - 1360.

[166] Ozmel U, Trombley T E, Yavuz M D. Outside insiders: Does access to information prior to an IPO generate a trading advantage after the IPO? . Journal of Financial and Quantitative Analysis, 2019, Vol. 54 (1): 1 - 32.

[167] Hochberg Y V, Ljungqvist A, Vissing - Jørgensen A. Informational holdup and performance persistence in venture capital. The Review of Financial Studies, 2014, Vol. 27 (1): 102 - 152.

[168] Eisenhardt K M. Agency theory: An assessment and review. Academy of Management Review, 1989, Vol. 14 (1): 57 - 74.

[169] Geroski P A, Mata J, Portugal P. Founding conditions and the survival of new firms. Strategic Management Journal, 2010, Vol. 31 (5): 510 - 529.

[170] Ralston D A, Terpstra - Tong J, Terpstra R H, et al. Today's state - owned enterprises of China: Are they dying dinosaurs or dynamic dynamos? . Strategic Management Journal, 2006, Vol. 27 (9): 825 - 843.

[171] 宋德舜. 国有控股、最高决策者激励与公司绩效. 中国工业经济, 2004 (3): 91 - 98.

[172] Zhou K Z, Gao G Y, Zhao H. State ownership and firm innovation in China: An integrated view of institutional and efficiency logics. Administrative Science Quarterly, 2017, Vol. 62 (2): 375 - 404.

[173] Deli D N, Santhanakrishnan M. Syndication in venture capital financing. Financial Review, 2010, Vol. 45 (3): 557 - 578.

[174] Hochberg Y V, Ljungqvist A, Lu Y. Whom you know matters: Venture capital networks and investment performance. The Journal of Finance, 2007, Vol. 62 (1): 251 -301.

[175] Lerner J. The syndication of venture capital investments. Financial Management, 1994, Vol. 23 (3): 16 -27.

[176] Wright M, Lockett A. The structure and management of alliances: syndication in the venture capital industry. Journal of Management Studies, 2003, Vol. 40 (8): 2073 -2102.

[177] Gorman M, Sahlman W A. What do venture capitalists do? . Journal of Business Venturing, 1989, Vol. 4 (4): 231 -248.

[178] Dimov D, De Clercq D. Venture capital investment strategy and portfolio failure rate: A longitudinal study . Entrepreneurship Theory and Practice, 2006, Vol. 30 (2): 207 -223.

[179] Knill A. Should venture capitalists put all their eggs in one basket? Diversification versus pure -play strategies in venture capital . Financial Management, 2009, Vol. 38 (3): 441 -486.

[180] 党兴华，董建卫，吴红超．风险投资机构的网络位置与成功退出：来自中国风险投资业的经验证据．南开管理评论，2011，Vol. 4 (2): 82 -91, 101.

[181] 董建卫，施国平，郭立宏．联合投资网络和引导基金网络对企业创新的影响．科学学研究，2019，37 (2): 362 -374.

[182] Keil T. External corporate venturing: Strategic renewal in rapidly changing industries. Westport: Quorum Books, 2002.

[183] Edwards J R. An examination of competing versions of the person – environment fit approach to stress. Academy of Management Journal, 1996, Vol. 39 (2): 292 – 339.

[184] Lungeanu R , Zajac E J. Venture capital ownership as a contingent resource: How owner – firm fit influences IPO outcomes. Academy of Management Journal, 2016, Vol. 59 (3): 930 – 955.

[185] De Clercq D, Manigart S. The venture capital post – investment phase: Opening the black box of involvement. Handbook of Research on Venture Capital, 2007, 193 – 218.

[186] Wang L, Zhou F Z, An Y B, et al. Corporate venture capital: Technological innovation or value creation? A comparative study of CVC – and IVC – invested Chinese listed companies. Asian Journal of Technology Innovation, 2019, Vol. 27 (3): 257 – 279.

[187] Tian X, Wang T Y. Tolerance for failure and corporate innovation. The Review of Financial Studies, 2014, Vol. 27 (1): 211 – 255.

[188] Nahata R. Venture capital reputation and investment performance. Journal of Financial Economics, 2008, Vol. 90 (2): 127 – 151.

[189] Lee P M, Wahal S. Grandstanding, certification and the underpricing of venture capital backed IPOs. Journal of Financial Economics, 2004, Vol. 73 (2): 375 – 407.

[190] Lutz E, George G. Venture capitalists' role in new venture internationalization. The Journal of Private Equity, 2012, Vol. 16 (1): 26 – 41.

[191] Bernstein S, Giroud X, Townsend R R. The impact of venture

capital monitoring. The Journal of Finance, 2016, Vol. 71 (4): 1591 - 1622.

[192] Stuart T E. Interorganizational alliances and the performance of firms: A study of growth and innovation rates in a high - technology industry. Strategic Management Journal, 2000, Vol. 21 (8): 791 - 811.

[193] Ahuja G, Katila R. Technological acquisitions and the innovation performance of acquiring firms: A longitudinal study. Strategic Management Journal, 2001, Vol. 22 (3): 197 - 220.

[194] Wassmer U. Alliance portfolios: A review and research agenda. Journal of Management, 2010, Vol. 36 (1): 141 - 171.

[195] 陈志斌，王诗雨．产品市场竞争对企业现金流风险影响研究——基于行业竞争程度和企业竞争地位的双重考量．中国工业经济，2015 (3): 96 - 108.

[196] 王小鲁，樊纲，胡李鹏．中国分省份市场化指数报告 (2018)．北京：社会科学文献出版社，2019.

[197] Cremers K J M, Litov L P, Sepe S M. Staggered boards and long - term firm value, revisited. Journal of Financial Economics, 2017, Vol. 126 (2): 422 - 444.

[198] 陆旸．成本冲击与价格粘性的非对称性——来自中国微观制造业企业的证据．经济学（季刊），2015, Vol. 14 (2): 623 - 650.

[199] Dang C, Li Z F, Yang C. Measuring firm size in empirical corporate finance. Journal of Banking & Finance, 2018, 86: 159 - 176.

[200] 侯晓红，李琦，罗炜．大股东占款与上市公司盈利能力关系

研究．会计研究，2008（6）：77－84，96.

[201] Deephouse D L. Media reputation as a strategic resource: An integration of mass communication and resource – based theories. Journal of management, 2000, Vol. 26 (6): 1091 – 1112.

[202] Dacin M T, Oliver C, Roy J P. The legitimacy of strategic alliances: An institutional perspective. Strategic management journal, 2007, Vol. 28 (2): 169 – 187.

[203] Dimov D, Milanov H. The interplay of need and opportunity in venture capital investment syndication. Journal of Business Venturing, 2010, Vol. 25 (4): 331 – 348.

[204] Gu Q, Lu X. Unraveling the mechanisms of reputation and alliance formation: A study of venture capital syndication in China. Strategic Management Journal, 2014, Vol. 35 (5): 739 – 750.

[205] Sorensen M. How smart is smart money? A two – sided matching model of venture capital. Journal of Finance, 2007, Vol. 62 (6): 2725 – 2762.

[206] Shipilov A V, Li S X. Can you have your cake and eat it too? Structural holes' influence on status accumulation and market performance in collaborative networks. Administrative Science Quarterly, 2008, Vol. 53 (1): 73 – 108.

[207] Ter Wal A L J, Alexy O, Block J, et al. The best of both worlds: The benefits of open – specialized and closed – diverse syndication networks for new ventures' success. Administrative science quarterly, 2016, Vol. 61 (3): 393 – 432.

[208] 杨建君，盛锁．股权结构对企业技术创新投入影响的实证研究．科学学研究，2007，Vol. 25 (4)：787 – 792.

[209] Podolny J M. Networks as the pipes and prisms of the markets. American Journal of Sociology, 2001, Vol. 107 (1): 33 – 60.

[210] Zhou K Z, Gao G Y, Zhao H. State ownership and firm innovation in China: An integrated view of institutional and efficiency logics. Administrative Science Quarterly, 2017, Vol. 62 (2): 375 – 404.

[211] Lambert D. Zero – inflated Poisson regression, with an application to defects in manufacturing. Technometrics, 1992, Vol. 34 (1): 1 – 14.

[212] Greene W H. Accounting for excess zeros and sample selection in Poisson and negative binomial regression models. SSRN Working Paper, 1994.

[213] Shleifer A. State versus private ownership. Journal of Economic Perspectives, 1998, Vol. 12 (4): 133 – 150.

[214] Guan J C, Yam R C M, Tang E P Y, et al. Innovation strategy and performance during economic transition: Evidences in Beijing, China. Research Policy, 2009, Vol. 38 (5): 802 – 812.

[215] Xu E, Zhang H. The impact of state shares on corporate innovation strategy and performance in China. Asia Pacific Journal of Management, 2008, Vol. 25 (3): 473 – 487.

[216] Bian Y J. Bringing strong ties back in: indirect connection, bridges, and job search in China. American Sociological Review, 1997, Vol. 62 (3): 266 – 285.

[217] Cumming D, Dai N. Local bias in venture capital investments. Journal of Empirical Finance, 2010, Vol. 17 (3): 362 - 380.

[218] Alvarez S A, Barney J B. How entrepreneurial firms can benefit from alliances with large partners. Academy of Management Perspectives, 2001, Vol. 15 (1): 139 - 148.

[219] Holmstrom, B. Agency costs and innovation. Journal of Economic Behavior and Organization, 1989, Vol. 12 (3): 305 - 327.

[220] Manso G. Motivating innovation. The Journal of Finance, 2011, Vol. 66 (5): 1823 - 1860.

[221] Scott W R. Institutions and organizations: Ideas, interests, and identities. Thousand Oaks: Sage, 2013.

[222] Chen V Z, Li J, Shapiro D M, et al. Ownership structure and innovation: An emerging market perspective. Asia Pacific Journal of Management, 2014, Vol. 31 (1): 1 - 24.

[223] Musacchio A, Lazzarini S G. Reinventing state capitalism: Leviathan in Business, Brazil and Beyond. Cambridge, MA: Harvard University Press, 2014.

[224] Sheng S, Zhou K Z, Li J J. The effects of business and political ties on firm performance: Evidence from China. Journal of Marketing, 2011, Vol. 75 (1): 1 - 15.

[225] Houston J F, Jiang L, Lin C, et al. Political connections and the cost of bank loans. Journal of Accounting Research, 2014, Vol. 52 (1): 193 - 243.

[226] Faccio M, Masulis R W, McConnell J J. Political connections and corporate bailouts. The Journal of Finance, 2006, Vol. 61 (6): 2597 - 2635.

[227] 黄珺，魏莎．独立董事政治关联对企业信贷融资的影响研究．管理评论，2016，Vol. 28 (11)：182 - 190.

[228] 潘越，戴亦一，李财喜．政治关联与财务困境公司的政府补助——来自中国 ST 公司的经验证据．南开管理评论，2009，Vol. 12 (5)：6 - 17.

[229] 林毅夫，刘明兴，章奇．政策性负担与企业的预算软约束：来自中国的实证研究．管理世界，2004 (8)：81 - 89，127.

[230] 杨星，田高良，司毅，等．所有权性质、企业政治关联与定向增发——基于我国上市公司的实证分析．南开管理评论，2016，Vol. 19 (1)：134 - 141，154.

[231] 方明月．先天优势还是后天努力——国企级别对全要素生产率影响的实证研究．财贸经济，2014 (11)：125 - 136.

[232] 任胜钢，郑晶晶，刘东华，等．排污权交易机制是否提高了企业全要素生产率——来自中国上市公司的证据．中国工业经济，2019 (5)：5 - 23.

[233] Ahuja G. Collaboration networks, structural holes, and innovation: A longitudinal study. Administrative Science Quarterly, 2000, Vol. 45 (3): 425 - 455.

[234] Greve H R. Bigger and safer: The diffusion of competitive advantage. Strategic Management Journal, 2009, Vol. 30 (1): 1 - 23.

[235] Burt R S. Structural holes: The social structure of competition. Cambridge, MA: Harvard University Press, 2009.

[236] Kaplan S N, Sensoy B A, Strömberg P. How well do venture capital databases reflect actual investments? . University of Chicago Working Paper, 2002.

[237] Maats F H E, Metrick A, Yasuda A. On the consistency and reliability of venture capital databases. SSRN.